El ABC de DtMF

Diccionario de palabras de Puerto Rico y referencias culturales en *DeBI TiRAR MáS FOTOS*

por Maia Sherwood Droz

El ABC de DtMF
Diccionario de palabras de Puerto Rico
*y referencias culturales en **DeBÍ TiRAR MáS FOToS***

© Maia Sherwood Droz

Primera edición: junio de 2025

Revisión lexicográfica y edición: Cristina Isabel Maymí

Corrección del texto: Kevin Matos

Diagramación, arte gráfico y diseño de portada: Pablo Defendini

Participación en el concepto gráfico: Jadyrah Vega

Imprenta: Extreme Graphics, Naguabo, Puerto Rico

Agradecimientos especiales a Giovanni Collazo, Diana Bernard, Ángel Pérez, José Orlando Sued, Marisol Pérez y Cristina Bonnet. Además a Lamberty's Bakery y todos sus empleados.

Prohibida la reproducción total o parcial de este libro en cualquier formato sin el consentimiento escrito de la autora.
ISBN: 978-1-944352-62-2

Introducción 5

Diccionario 6

Notas técnicas 78

Introducción

Bad Bunny ha despertado el oído del mundo al español puertorriqueño.

El Conejo Malo forma parte del linaje de exponentes musicales puertorriqueños de proyección internacional, pero su impacto global es inédito: sus éxitos continuos y sus públicos cada vez más amplios han llevado el habla de Puerto Rico a donde nunca antes se había escuchado.

Sin ser un ideólogo, ni casarse permanentemente con ninguna decisión, Benito Antonio Martínez Ocasio ha tomado posturas lingüísticas públicas y explícitas: no solo se ha negado a cantar (o hablar) en inglés para potenciarse comercialmente, sino que ha asumido el español —y no cualquier español, sino el puertorriqueño, el de su generación, el suyo propio.

Estas acciones encarnan la idiosincrasia de una generación que no se mueve por inercia ni por mandato externo, sino que busca sentido, autenticidad, creatividad y disfrute en todo lo que hace. Bad Bunny se ha convertido en portavoz de ese espíritu de época. Y lo ha hecho en español.

Este álbum en particular –*DeBÍ TiRAR MáS FOToS* (2025)– ha ampliado su alcance tanto dentro como fuera de Puerto Rico. Las canciones proyectan sentimientos complejos sobre lo que ha sido, es y será Puerto Rico, que, curiosamente, han tocado la fibra emocional de otras nacionalidades.

El disco se presenta en un momento en que más puertorriqueños viven fuera de la isla que en ella; el crecimiento poblacional es negativo dada la emigración sostenida y la baja natalidad; las escuelas enfrentan crisis estructurales; la penetración del inglés es más intensa que nunca; y el nuevo capital estadounidense está redefiniendo los paisajes en la isla.

Y, sin embargo, hay una nueva puertorriqueñidad que puja por nacer.

Este diccionario surge de esa pulsión. Recoge, define y contextualiza las palabras y expresiones de Puerto Rico presentes en las 17 canciones del disco. Muchas tienen uso general en la isla, otras pertenecen a registros juveniles o urbanos, la mayoría son coloquiales y algunas se consideran soeces. La influencia del inglés es notable. También se incluyen nombres de personas, lugares y marcas, así como referencias musicales y culturales, familiares para algunos públicos, pero opacas para otros.

Cada entrada de *El ABC de DtMF* abre una ventana a la experiencia puertorriqueña contemporánea, especialmente la de los jóvenes. Las palabras hablan de romances pasados y presentes; de sexo, alcohol y drogas; de amistades, festejo y música; de emigración, desplazamiento y resistencia; de nuestra historia y actualidad sociopolíticas; de tradiciones y nostalgia; del amor inefable hacia la patria inmediata y la extendida; de madurar.

El español de Puerto Rico es una variedad caribeña, atlántica y americana. Es el resultado vivo de procesos históricos que combinaron el español meridional y canario, el taíno arahuaco, las lenguas africanas occidentales, el inglés y el ingenio local. En la actualidad globalizada e interconectada, es aún más poroso y permeable a influencias diversas.

El español puertorriqueño es nuestra plataforma comunicativa vital. Merece atención y cultivo, para seguir creando en ella, recreándonos en ella y compartiéndonos desde ella con el mundo.

Maia Sherwood Droz

EL ABC DE **DtMF**

a fuego

Calco del inglés *on fire*
locución adjetiva
a. Con intensidad, energía y entusiasmo desbordantes, con pasión y entrega total.
b. Incondicional, confiable, con actitud proactiva y positiva.
EJEMPLOS
- *Baby, si hace un mes yo estaba dándote castigo
Siempre he sido **a fuego** contigo (KETU TeCRÉ)*

acho

Acortamiento de *muchacho*
interjección
Se usa para iniciar un parlamento o para expresar emotividad, sorpresa o indignación.
EJEMPLOS
- ***Acho**, PR es otra cosa (VOY A LLeVARTE PA PR)*
- *Pero yo creo que hoy sí que... **acho**, pichaera, que no me esperen (CAFé CON RON)*
- ***Acho**, jurao te ves bien linda, déjame tirarte una foto (DtMF)*

activarse

verbo pronominal
Animarse, llenarse de energía y ganas de actuar.
EJEMPLOS
- *Y dale, **actívate**
¿Que quién va a pagar hoy?
Ma, tú olvídate (VeLDÁ)*

ajorar

verbo transitivo
Apremiar, apurar, poner prisa o presión.
EJEMPLOS
- *Ey, chequéate el AP, nunca se va de hora
Por eso ningún culo me **ajora**, ¡embuste! (VeLDÁ)*

algarete

De *al garete*
adjetivo/adverbio
a. A lo loco, sin reflexión o dirección clara.
b. Caótico, desordenado o fuera de control.
EJEMPLOS
- *Que bailen toa' las gatas, nos fuimos **algarete** (VOY A LLeVARTE PA PR)*

allá no se me/te/le ha perdido nada

expresión
Expresa que no hay interés o razón para estar en un lugar o para involucrarse en una situación.
EJEMPLOS
- ***Allá abajo
No se me ha perdido na** (CAFé CON RON)*

Almirante
nombre de lugar
Abreviación de Almirante Sur, barrio en el municipio de Vega Baja, ubicado en el centro de la costa norte de Puerto Rico, donde se crio Bad Bunny.
EJEMPLOS
- *Es la voz de todo un barrio
  Desde **Almirante** a Frontón (CAFé CON RON)*
- *Antes de irse pa **Almirante** donde se conocieron
  Vivieron en Morovis
  En donde hicieron al nene (LA MuDANZA)*

amanecerse
verbo pronominal
Mantenerse despierto toda la noche, por diversión o trabajo.
EJEMPLOS
- *Hoy yo no quiero dormir
  Lo que quiero yo
  Es **amanecerme**
  Y beberme un galón (CAFé CON RON)*

Andy
nombre de personaje de ficción
Niño protagonista de las películas Toy Story y dueño original del muñeco Woody, en cuya suela escribe su nombre (Andy).
EJEMPLOS
- *Subiendo stories, twerkeando como Cardi
  Juguetito y ninguno dice "**Andy**" (KETU TeCRÉ)*

animé
sustantivo masculino
Estilo de animación de origen japonés caracterizado por un arte gráfico colorido, personajes vívidos y temas fantásticos.
EJEMPLOS
- *Con ese culo de embuste de **animé**
  Ma, de animé (VeLDÁ)*

anormales
sustantivo masculino plural
Referencia a los grandes exponentes del reguetón, plasmada en el título del álbum *Los anormales*, de 2004, que reunió a figuras clave del género como Héctor el Father, Daddy Yankee, Don Omar, Tito el Bambino, Tego Calderón y otros.
EJEMPLOS
- *Hoy voy pa la carretera
  Con to' mis **anormales** (CAFé CON RON)*

AP
marca comercial
Siglas de Audemars Piguet, marca suiza de relojes de lujo reconocida por su innovación y precisión técnica en la alta relojería artesanal.
EJEMPLOS
- *Ey, chequéate el **AP**, nunca se va de hora
  Por eso ningún culo me ajora, ¡embuste! (VeLDÁ)*
- *Una muñeca buscando un **AP**
  Si no un Rollie, si no, un Carti (KETU TeCRÉ)*

aplaudir
referencia cultural
Hace referencia a la práctica puertorriqueña de aplaudir cuando el avión aterriza en Puerto Rico, por alivio o por felicidad.
EJEMPLOS
- *Quédate en tu viaje, que cuando aterrice'
  nadie va a **aplaudir** (BOKeTE)*

aplicarla
frase verbal
Ejecutar una actividad con maestría, demostrando habilidad, experiencia y control.
EJEMPLOS
- *Yo fui el que te enseñé
  A **aplicarla** como es
  A frontear como es (KETU TeCRÉ)*

EL ABC DE

aplicársela
frase verbal
Tener relaciones sexuales con alguien, asumiendo un rol activo y dominante.
EJEMPLOS
- *Ella sabe que aquí hay ticket*
  Quiere que yo se la aplique
  (VOY A LLeVARTE PA PR)
- *Tú eres mi canción favorita*
  Y en repeat te vo'a tocar, ey, te la vo'a aplicar
  (WELTiTA)

SINÓNIMOS: *dar, dárselo*

apretar
verbo intransitivo
Aumentar la intensidad, enfoque y esfuerzo en una tarea.
EJEMPLOS
- *Tú sabes, los ídolos tuyos*
  Seguramente te estás preguntando cómo lo hacen
  Tienen que apretar (VeLDÁ)
- *Aprieta, chamaquito, aprieta (LA MuDANZA)*

aquí mataron gente por sacar la bandera
referencia cultural
Se refiere a la Ley 53 de 1948 de Puerto Rico, conocida como la Ley de la Mordaza, que prohibía exhibir la bandera puertorriqueña y expresarse a favor de la independencia de la isla.
EJEMPLOS
- *Aquí mataron gente por sacar la bandera*
  Por eso es que ahora yo la llevo donde quiera
  (LA MuDANZA)

RELACIONADAS: *azul clarito, bandera*

aquí todavía se da caña
referencia cultural
a. Referencia al periodo cuando la industria de la caña de azúcar dominó gran parte de la economía, el paisaje y la vida en Puerto Rico, entre el siglo XIX y mediados del XX.
b. Posible referencia a las frases "dar caña" y "meter caña", 'hacer trabajar con ahínco', con extensión a un sentido sexual.
EJEMPLOS
- *Ey, que prendan las máquinas, voy pa Santurce*
  Aquí todavía se da caña
  Chequéate las babies, diablo, mami, qué dulce
  (DtMF)

archipiélago
sustantivo masculino
Se refiere al hecho de que Puerto Rico está compuesto por la isla grande, las islas municipio de Vieques y Culebra al este, y varias islas e islotes mayormente deshabitados.
EJEMPLOS
- *De Borinquén, PR, archipiélago perfecto*
  (LA MuDANZA)

SINÓNIMOS: *Borinquén, isla, P FKN R, PR, Puerto Rico*

Arecibo
Indigenismo
nombre de lugar
Municipio situado en el centro-oeste de la costa norte de Puerto Rico.
EJEMPLOS
- *Te iba a llevar pa Maya y no llegaste*
  ni a Arecibo (BOKeTE)
- *De Arecibo hasta Ponce*
  De Fajardo a Rincón
  (CAFé CON RON)

azotar

verbo transitivo
Tener relaciones sexuales con alguien, asumiendo un rol activo, dominante y físicamente intenso.

EJEMPLOS
- *Que cuando yo te **azote** (Azote)*
  Vamo' a ver si es veldá (VeLDÁ)

SINÓNIMOS: *dar castigo, dar fuete*

azul clarito

referencia cultural
Se refiere al debate sobre el tono original del azul en la bandera de Puerto Rico, una controversia en la que los sectores independentistas suelen abogar por el azul claro o azul celeste, mientras que otros grupos defienden tonos más oscuros.

EJEMPLOS
- *En la caja la bandera **azul clarito** (LA MuDANZA)*

RELACIONADAS: *aquí mataron gente por sacar la bandera, bandera*

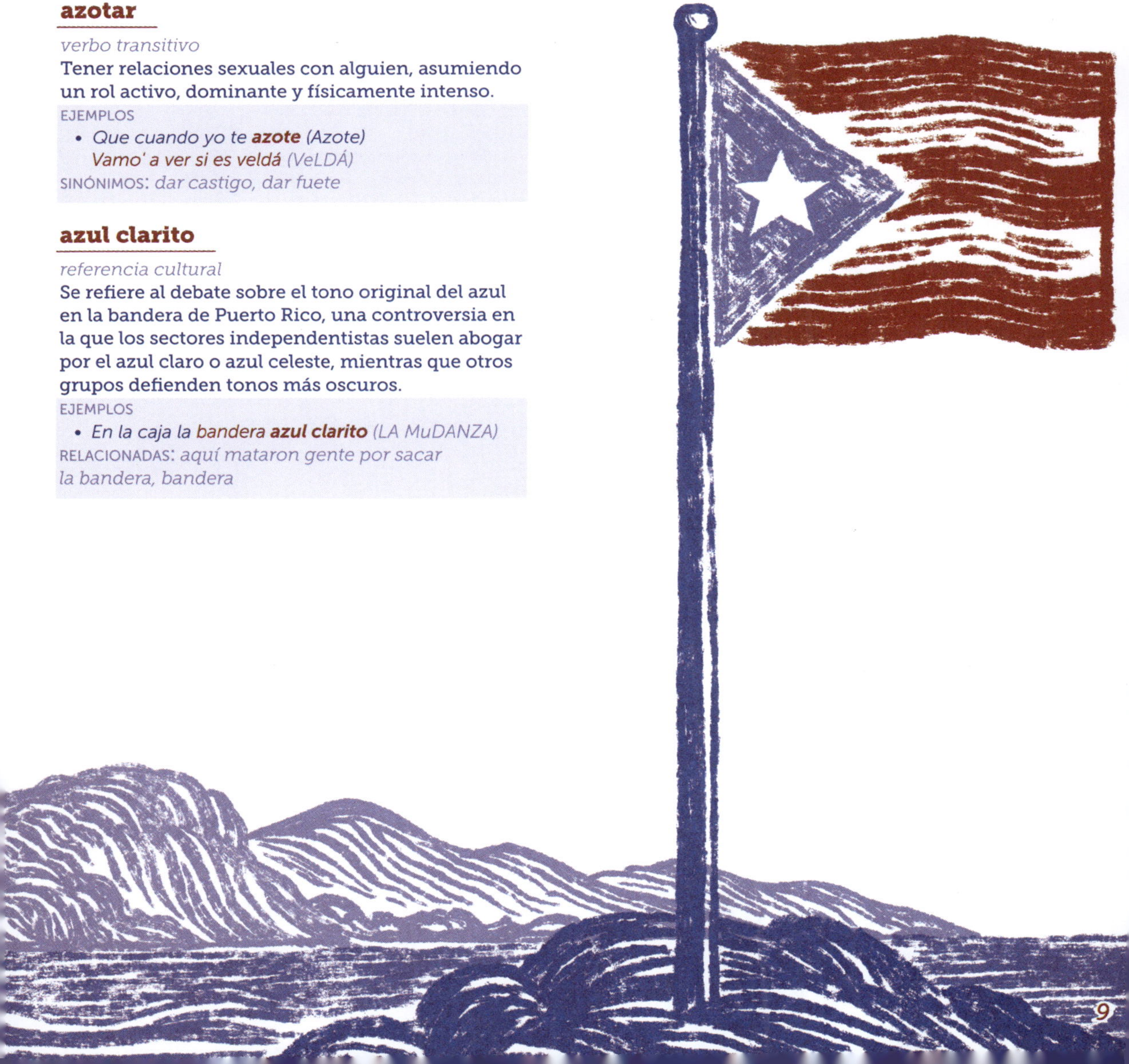

EL ABC DE DtMF

baby[1]
Del inglés *baby*, 'bebé'
sustantivo
a. Mujer atractiva.
b. Pareja.
EJEMPLOS
- *Pelinegra o blondie
  Ma, tú eres la **baby** (KLOuFRENS)*
- *En la disco, baby, te lo meto, baby
  Aquí mismo, baby, delante de tu **baby** (EoO)*
- *Aquí todavía se da caña
  Chequéate las **babies**, diablo, mami, qué dulce
  (DtMF)*

SINÓNIMOS: *gata, galla*

baby[2]
Del inglés *baby*, 'bebé'
vocativo
Se usa para dirigirse a una persona que se considera atractiva o una pareja.
EJEMPLOS
- *Bien borrachos los tres
  Baby, a la cama las vo'a llevar
  (VOY A LLeVARTE PA PR)*
- ***Baby**, yo vo'a hacer que tú creas
  (PERFuMITO NUEVO)*
- ***Baby**, tú ere' una estrella (PERFuMITO NUEVO)*
- ***Baby**, te vo'a dar una vuelta por la playita (WELTiTA)*
- *¿Que quién va a pagar hoy?
  Baby, olvídate (VeLDÁ)*
- ***Baby**, te habla Ousi, un placer conocerla (VeLDÁ)*
- ***Baby**, si hace un mes yo estaba dándote castigo
  (KETU TeCRÉ)*

SINÓNIMOS: *bebé, ma, mami*

Bad Bo
nombre propio
Apodo de *Bad Bunny*.
EJEMPLOS
- *Ando con **Bad Bo**, con Dei V, y
  tú con tus girlas (VeLDÁ)*

SINÓNIMOS: *Bad Bunny, Benito, Beno*

Bad Bunny
nombre propio
Nombre artístico de Benito Martínez Ocasio, cantante, compositor y productor puertorriqueño de reguetón y trap, entre otros géneros musicales.
EJEMPLOS
- *¿Cómo **Bad Bunny** va a ser rey del pop, ey,
  Con reggaetón y dembow, ey? (NUEVAYoL)*
- *Yeah, yeh, yeh, yeh
  Bad Bunny, baby (EoO)*
- *La liga multiplatino
  Bad Bunny, Dei V, Omar Courtz (VeLDÁ)*

SINÓNIMOS: *Bad Bo, Benito, Beno*

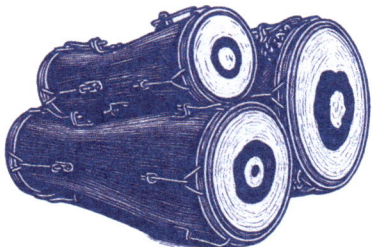

bajar[1]

verbo intransitivo
Soez 😷
Practicar el sexo oral.
EJEMPLOS
- *Si yo **bajo** pa'llá abajo, va a subir la marea*
  (PERFuMITO NUEVO)
SINÓNIMOS: *comer, mamar*

bajar[2]

verbo intransitivo
Desplazarse a un lugar, usualmente en automóvil.
EJEMPLOS
- *Yo **bajo** pa tu barrio low-key en la Tacoma (VeLDÁ)*

bandera

sustantivo femenino
Se refiere a la bandera de Puerto Rico, símbolo nacional de gran valor emocional y muy utilizado como expresión de orgullo e identidad colectiva.
EJEMPLOS
- *No, no suelte' la **bandera***
  Ni olvide' el lelolai (LO QUE LE PASÓ A HAWAii)
- *En la caja la **bandera** azul clarito (LA MuDANZA)*
RELACIONADAS: *azul clarito, aquí mataron gente por sacar la bandera*

bailaíta

De bailadita, diminutivo de bailada
sustantivo femenino
Acto de bailar por un rato breve para saciar la apetencia de moverse al ritmo de la música.
dar una bailaíta
EJEMPLOS
- *Una foto bonita, un atardecer hermoso*
  *Una **bailaíta**, tu cadenita de oro*
  Estuvimos tan cerquita, mirándono' a los ojos
  (TURiSTA)

bandida, bandido

sustantivo/adjetivo
Persona astuta, atrevida y con experiencia con asuntos de la calle, que puede o no estar asociada con actividades delictivas.
EJEMPLOS
- *Ella nunca llega sola*
  *To' los **bandi-di** le sueltan las pistolas (EoO)*

barrio

sustantivo masculino
Comunidad en una ciudad o pueblo, generalmente de origen antiguo, alta densidad poblacional y recursos económicos limitados, cuyos habitantes suelen conocerse entre sí por generaciones.
EJEMPLOS
- *Yo bajo pa tu **barrio** low-key en la Tacoma*
  O si no, en la Lambo, en una movie cabrona
  (VeLDÁ)
- *De Arecibo hasta Ponce*
  De Fajardo a Rincón
  *Es la voz de todo un **barrio***
  Desde Almirante a Frontón (CAFé CON RON)
- *Quieren el **barrio** mío*
  Y que tus hijos se vayan (LO QUE LE PASÓ A HAWAii)
- *Nosotro' nos criamo' escuchando y cantando esto*
  *En los caseríos, en los **barrios** desde los 90 (EoO)*
- *Millonario sin dejar de ser del **barrio***
  Pa que sepas (LA MuDANZA)

batá

Africanismo
sustantivo masculino
Tambor de origen africano, tallado en madera con forma de reloj de arena con un cono más largo que el otro, que se usa en la música y rituales caribeños.
EJEMPLOS
- *Roy, Edgar, Sebas, Oscar, Darnel y*
  *Big J tocando **batá** (DtMF)*

EL ABC DE

Bayamón

Indigenismo
nombre de lugar
Municipio de Puerto Rico, situado en el centro-este del valle norteño de la isla, sin acceso directo a la costa.
EJEMPLOS
- *Vivieron en Morovis*
  En donde hicieron al nene
  *Que en **Bayamón** por primera vez vieron*
  (LA MuDANZA)

bebé

vocativo
Se usa para dirigirse a una persona que se considera atractiva o una pareja.
EJEMPLOS
- *Eso atrás bien grande, **bebé**, como una Yukon (VeLDÁ)*

SINÓNIMOS: *baby², mami, ma*

bellaca, bellaco

sustantivo/adjetivo
Soez 😣
Persona excitada sexualmente o que tiene propensión al apetito sexual.
EJEMPLOS
- *Cómo tú me mirabas, **bellaquito** me ponía (BAILE INoLVIDABLE)*
- *Ea, diablo, tú ere' una **bellaquita** igual que yo (PERFuMITO NUEVO)*
- *Baby, tú lo haces como si supieras*
- *Hasta tú te pondrías **bellaca** si con mis ojos te vieras, te vieras (VeLDÁ)*
- *Estoy que te preño ahora*
  ***Bellaquita** (VeLDÁ)*

RELACIONADAS: *bellaquear, bellaqueo*

bellaquear

verbo intransitivo
Soez 😣
Interactuar con otra persona de manera provocadora o sugestiva, para despertar o avivar el deseo sexual.
EJEMPLOS
- *Esto es lo que estabas buscando*
  *Mi mensaje **bellaqueando** (VeLDÁ)*
- *Vamo'a bailar, vamo'a beber*
  *A **bellaquear**, después a coger (VeLDÁ)*

RELACIONADAS: *bellaca, bellaco; bellaqueo*

bellaqueo

sustantivo masculino
Soez 😣
Juego sexual o conducta insinuante que estimula el deseo y la excitación, generalmente como preludio al acto sexual.
EJEMPLOS
- *Hasta abajo, baby, no te quites, baby*
  ***Bellaqueo**, baby, tú y yo solos, baby (EoO)*
- *Siempre queremos perreo, EoO*
  *Tú y yo estamo envuelto' en el **bellaqueo** (EoO)*

RELACIONADAS: *bellaca, bellaco; bellaquear*

Benito

nombre propio
Nombre de pila de Benito Martínez Ocasio, conocido como *Bad Bunny*.
EJEMPLOS
- *Y que recuerden que siempre fui yo,*
  *siempre fui **Benito** (LA MuDANZA)*

SINÓNIMOS: *Bad Bo, Bad Bunny, Beno*

Beno
nombre propio
Apodo de Benito Martínez Ocasio, conocido como *Bad Bunny*.
EJEMPLOS
- *Y si hoy me emborracho,*
  que Beno me ayude (DtMF)

SINÓNIMOS: *Bad Bo, Bad Bunny, Benito*

bestie
Del inglés *bestie*, derivado de *best friend*
sustantivo
Mejor amigo o amiga.
EJEMPLOS
- *Ey, tráete a tu bestie*
  Que a la dos le' bajamos el panty (EoO)

bicho
sustantivo masculino
Soez 🤬
Pene.
EJEMPLOS
- *A mí me importa un bicho lo que a*
  ti te vale verga (LA MuDANZA)

RELACIONADAS: *importar un bicho*

bichote
Tal vez del inglés *big shot*, influido por *bicho*, 'pene'
sustantivo masculino
a. Persona que controla la venta de drogas ilegales en un sector.
b. Persona con poder o influencia en un ámbito.
EJEMPLOS
- *Ese culo es de bichote*
  Y yo siempre quise ser bichote (VeLDÁ)
- *Me siento como un bichote en los 90 (EoO)*

Big Pun
nombre propio
Abreviación de Big Punisher, nombre artístico de Christopher Ríos, rapero estadounidense de ascendencia puertorriqueña, conocido por sus rimas complicadas, llenas de juegos de palabras, y por su obesidad.
EJEMPLOS
- *Cuando yo nací, fue que nació el flow*
  De lao a lao, ping-pong
  Flow pesao, Big Pun (NUEVAYoL)

blanquita
sustantivo femenino
a. Cocaína.
b. Mujer de tez blanca.
EJEMPLOS
- *Mi blanquita, perico, mi kilo (DtMF)*

SINÓNIMOS: *perico*

bling-bling
Del inglés *bling-bling*
sustantivo masculino
Joyería brillante, llamativa y ostentosa que proyecta riqueza y lujo exagerado.
EJEMPLOS
- *Sudaíta, el sol te da y eso brilla como bling-bling*
  (WELTiTA)

blon
Del inglés *blunt*
sustantivo masculino
Cigarro de tabaco de tamaño mediano, que ha sido vaciado del tabaco original y rellenado con marihuana.
EJEMPLOS
- *Le pasé la lengua como sellando el blon (VeLDÁ)*

VARIANTES: *blunt*

EL ABC DE

blondie

Del inglés *blondie*, diminutivo de *blonde*
sustantivo/adjetivo
Persona rubia.
EJEMPLOS
- *Pelinegra o **blondie**
  Ma, tú eres la baby* (KLOuFRENS)

blunt

Del inglés *blunt*
sustantivo masculino
Cigarro de tabaco de tamaño mediano, que ha sido vaciado del tabaco original y rellenado con marihuana.
EJEMPLOS
- *Las mujere' encima de mí
  La hookah, las pastilla' y un **blunt*** (EL CLúB)
VARIANTES: *blon*

BM

marca comercial
Acortamiento de las siglas BMW, marca alemana de automóviles y motocicletas de lujo.
EJEMPLOS
- *Aquí mismo, baby, delante de tu baby
  Te compro la **BM** y también el AP* (EoO)

body painting

Del inglés *body painting*
sustantivo masculino
Acción de aplicar pintura al cuerpo de una persona por motivos artísticos, culturales o políticos.
EJEMPLOS
- *Te lo tiro en la espalda, **body painting*** (EoO)

BOKeTE

nombre propio
a. Título de una canción del disco *DeBÍ TiRAR MáS FOToS*, de Bad Bunny, de 2025.
b. Representación fonética de *boquete*, 'hueco', en referencia a los numerosos hoyos en las calles en Puerto Rico, que suelen causar daños costosos o irreparables a los vehículos.
VARIANTES: *boquete*

bomba

sustantivo femenino
Género musical autóctono de Puerto Rico, de origen africano, nombrado por el barril o tambor que se toca, en cuyo baile se entabla un diálogo entre el músico y la persona que baila.
EJEMPLOS
- *Estamos pa las cosas que valgan la pena
  Ey, pa'l perreo, la salsa, la **bomba** y la plena* (DtMF)

boquete

sustantivo masculino
Hueco, en referencia a los numerosos hoyos en las calles en Puerto Rico, que suelen causar daños costosos o irreparables a los vehículos.

EJEMPLOS
- *Tú ere' un **boquete** en PR, por eso es que te esquivo (BOKeTE)*

Borinquén

Indigenismo
nombre de lugar
Nombre indígena de Puerto Rico, en lengua taína.

EJEMPLOS
- *De **Borinquén**, PR, archipiélago perfecto (LA MuDANZA)*

SINÓNIMOS: *archipiélago, isla, PR, P FKN R*

Brickell

nombre de lugar
Distrito financiero y zona residencial adinerada en el centro de la ciudad de Miami, en el estado de Florida, Estados Unidos.

EJEMPLOS
- *Yo la conocí en Miami, en **Brickell** (VOY A LLeVARTE PA PR)*

brother

Del inglés *brother*, 'hermano'
sustantivo masculino / vocativo
Se usa para designar o para dirigirse a un amigo cercano.

EJEMPLOS
- *Los **brother**' me la montan Dicen que estoy en un viaje (PIToRRO DE COCO)*
- ***Brother**, yo no sé ni cómo llegué a casa anoche (CAFé CON RON)*

buscarse (alguito)

frase verbal
Ganarse algún dinero, procurarse el sustento diario.

EJEMPLOS
- *Un día Toñito lo invitó pa hacer una mudanza Pa **buscarse alguito**, par de peso' pa algo alcanza (LA MuDANZA)*

busy

Del inglés *busy*
adjetivo
Ocupado.

EJEMPLOS
- *Gracias a Dios que ese día no estaba **busy** Porque en la mudanza fue donde conocí a Lysi (LA MuDANZA)*

cabrón¹

vocativo
Soez

Se usa para dirigirse a un individuo cuyo nombre no se conoce o no se quiere mencionar, a veces de modo confrontativo. *Puede ser despectivo.*
EJEMPLOS
- *No me ronquen, **cabrones**, que acá no los veo (EoO)*
- *Estás escuchando música de Puerto Rico, **cabrón** (EoO)*
- *Aquí mataron gente por sacar la bandera Por eso es que ahora yo la llevo donde quiera **Cabrón**, ¿qué fue? (LA MuDANZA)*
- *Lugia, Ho-Oh **Cabrón**, yo soy legendario (LA MuDANZA)*
- *¿Meterle más que yo? Tú ere' loco (Na) **Cabrón**, ¿tú eres loco? (LA MuDANZA)*

cabrón²

vocativo
Soez

Se usa para dirigirse a un amigo, de modo afectivo.
EJEMPLOS
- ***Cabrón**, guía tú, que hasta caminando yo estoy que choco (DtMF)*

cabrona, cabrón

adjetivo/adverbio
Soez

a. Intenso, increíble, impresionante.
b. Extremadamente bueno o extremadamente malo.
EJEMPLOS
- *Esto suena **cabrón** Vamo' a hacerlo otra vez (BAILE INoLVIDABLE)*
- *Perfumito nuevo Tú hueles **cabrón** (PERFuMITO NUEVO)*
- *Yo bajo pa tu barrio low-key en la **Tacoma** O si no, en la Lambo, en una movie cabrona (VeLDÁ)*
- *2 de la mañana en el club To'el mundo pasándola **cabrón** (EL CLúB)*
- *A tu nombre me lo voy a lesionar Está **cabrón** que pa ti es normal (KLOuFRENS)*
- *Está **cabrón** cómo de tu vida ya desaparecí (KLOuFRENS)*
- *Y sería **cabrón** que tú me toque' el güiro (DtMF)*

cadena

sustantivo femenino

Collar de eslabones de oro, plata u otro metal precioso, usualmente grande y vistoso, que comunica éxito, poderío económico y extravagancia.
EJEMPLOS
- *Ya no estamo' pa las movie' y las **cadenas** Estamos pa las cosas que valgan la pena (DtMF)*

RELACIONADAS: *bling-bling*

Calle Sol, calle Luna
nombre de lugar
a. Calles del Viejo San Juan.
b. Referencia a la canción "Calle Luna, Calle Sol", de 1973, escrita e interpretada por Willie Colón y Héctor Lavoe.
EJEMPLOS
- ***Calle Sol, calle Luna**, estrella en la noche oscura*
  Yo no canto reggae, pero soy cultura
  (LA MuDANZA)

campeonato
referencia cultural
Referencia al título de campeón 24/7 de lucha libre que ganó Bad Bunny en 2021 en la World Wrestling Entertainment (WWE).
EJEMPLOS
- *Tengo el **campeonato**, nadie me lo quita*
  (NUEVAYoL)

Canales
nombre de lugar
Complejo residencial público o *caserío* ubicado en San Juan, nombrado por el escritor Nemesio Canales (1878-1923).
EJEMPLOS
- *Que lo bailen en Llorens*
  *Que lo bailen en **Canales** (CAFé CON RON)*

cañita
sustantivo masculino
Ron de fabricación clandestina, que originalmente se confeccionaba con la miel residual de la caña de azúcar.
EJEMPLOS
- *Un shot de **cañita** en casa de Toñita*
  Y PR se siente cerquita, sí, sí, sí (NUEVAyoL)
SINÓNIMOS: *pitorro*

Capea el Dough
nombre propio
Canción de *hip hop* de los raperos dominicanos Toxic Crow y *Lápiz* Conciente, del disco *Sin Rivales*, de 2006.
EJEMPLOS
- *Me siento como el Lápiz en "**Capea el Dough**"*
  (NUEVAYoL)

carambola
sustantivo femenino
Fruta amarilla, de sabor agridulce y refrescante, que cuando se corta horizontalmente tiene forma de estrella.
EJEMPLOS
- *Baby, tú ere' una estrella*
  *Esa boca sabe a **carambola** (PERFuMITO NUEVO)*

carajo
interjección
Se usa para expresar contrariedad o molestia, o para intensificar una expresión.
EJEMPLOS
- *Anoche a las 2 te llamé y estás hecha una malcriá*
  *¿Qué **carajo** tú te crees? (KETU TeCRÉ)*

EL ABC DE

Cardi
nombre propio
Acortamiento de Cardi B, nombre artístico de Belcalis Marlenis Cephus, rapera estadounidense de ascendencia caribeña.
EJEMPLOS
- *Subiendo stories, twerkeando como **Cardi** (KETU TeCRÉ)*

Carti
marca comercial
Acortamiento de Cartier, marca francesa de joyas y relojes de lujo.
EJEMPLOS
- *Una muñeca buscando un AP
Si no, un Rollie, si no, un **Carti** (KETU TeCRÉ)*

caserío
sustantivo masculino
Conjunto de edificios de vivienda pública, usualmente subvencionados por el Estado, en los que residen personas de recursos económicos limitados, donde se crea una identidad colectiva fuerte.
EJEMPLOS
- *Nosotros nos criamos escuchando y cantando esto
En los **caseríos**, en los barrios desde los 90 (EoO)*

cazar
verbo transitivo
Estar en la búsqueda o al acecho de una persona con fines amorosos o sexuales.
EJEMPLOS
- *Voy **cazando** y muero perreando (VOY A LLeVARTE PA PR)*
- *Anda **cazando**, no está dating (EoO)*

chamaca, chamaco
sustantivo
Niño o persona joven.
EJEMPLOS
- *Benito, hijo de Benito, le decían "Tito"*
- *El mayor de seis, trabajando desde **chamaquito** (LA MuDANZA)*
- *Aprieta, **chamaquito**, aprieta (LA MuDANZA)*

chavos
sustantivo masculino plural
Dinero.
EJEMPLOS
- *A tirar **chavo**' en el club
La hookah y la Moët (KETU TeCRÉ)*
RELACIONADAS: tirar (chavos)

chillar goma(s)
frase verbal
Acelerar intensamente un vehículo hasta que las llantas chirríen contra el asfalto y se quemen por la fricción, generalmente por diversión, exhibición o desafío, o para salir huyendo.
EJEMPLOS
- *En el monte
Hoy se rompe
Chillando goma, botando humo (CAFé CON RON)*

chinchorrear

verbo intransitivo
Viajar en carretera con amigos o familiares, parando en diferentes "chinchorros" o establecimientos informales para comer, beber y divertirse.

EJEMPLOS
- *El Samurai está en brillo y el combo va a chinchorrear (CAFé CON RON)*

chingar

verbo transitivo / intransitivo
Soez 😳
Tener relaciones sexuales.

EJEMPLOS
- *A veces es difícil meditar
  Y solo quiere gritar o buscarme pa chingar (PERFuMITO NUEVO)*
- *Una muñeca buscando un AP
  Si no, un Rollie, si no, un Carti
  Que me la chingue en el parking (KETU TeCRÉ)*
- *A-A veces vienen los flashback, tú y yo chingando agresivo (BOKeTE)*

SINÓNIMOS: coger, darle, hacerlo, meter mano, singar

chulería

sustantivo femenino
Persona o cosa bonita, encantadora, divertida.

EJEMPLOS
- *Que viva la putería
  Dale pa'trás, pa'trás, tan-tan, chulería, ey (VOY A LLeVARTE PA PR)*

cien

adjetivo
Referencia al billete de cien dólares estadounidenses.

EJEMPLOS
- *Huelo rico y ando con los de cien (NUEVAYoL)*

EL ABC DE

Cinderella

Del inglés Cinderella
nombre de personaje de ficción
Cenicienta, protagonista de un cuento de hadas que se convierte en princesa mediante un hechizo, pero que debe regresar a su casa antes de que el hechizo termine a la medianoche.
EJEMPLOS
- *Si me ves por ahí, ni me conoces,*
  Cinderella *después de las 12* (PERFuMITO NUEVO)

circulito verde

referencia cultural
Referencia a un círculo verde que aparece en torno a la foto de perfil en algunas redes sociales o plataformas de mensajería cuando la persona está conectada.
EJEMPLOS
- *Pero veo el **circulito verde***
  Y me vuelvo a ilusionar (KLOuFRENS)

clase de

Acortamiento de qué clase de
expresión
Se usa para expresar admiración, sorpresa o desaprobación sobre la calidad o naturaleza de algo.
EJEMPLOS
- ***Clase de*** *loquera, y hoy me están tirando de nuevo pa bajar p'allá* (CAFé CON RON)

close friends

Del inglés close friends
sustantivo masculino plural
Categoría de "mejores amigos" o "amigos cercanos", grupo de seguidores con acceso a ciertos contenidos exclusivos y privilegiados en una cuenta de redes sociales.
EJEMPLOS
- *Me diste follow y te di follow back*
  Me diste like y yo te di dos pa'trás
  ¡Toma!
  *Al otro día me pusiste en los **close friends*** (VeLDÁ)
- *¿Pero cómo quieres que me vaya bien?*
  *Si tú no me sacas de los **close friends*** (KLOuFRENS)

club

De inglés club, de nightclub, 'club nocturno'
sustantivo masculino
Lugar de entretenimiento usualmente nocturno en el que hay música, bebida y baile.
EJEMPLOS
- *2 de la mañana en el **club***
  To'el mundo pasándola cabrón (EL CLúB)
- *Yo fui el que te enseñé*
  A aplicarla como es
  A frontear como es
  *A tirar chavo' en el **club*** (KETU TeCRÉ)

Coamo

Indigenismo
nombre de lugar
Municipio situado en el centro-sur de Puerto Rico, con valles y montañas.
EJEMPLOS
- *De weekend en **Coamo***
  En la montaña te vo'a hacer la rusa
  (PERFuMITO NUEVO)

como es
frase adverbial
De manera cabal, exacta y perfecta según lo que corresponde en un contexto determinado.
EJEMPLOS
- *Yo fui el que te enseñé*
  *A aplicarla **como es***
  *A frontear **como es** (KETU TeCRÉ)*

Cotto
nombre propio
Miguel Cotto, exboxeador profesional puertorriqueño que fue campeón mundial en cuatro categorías de peso.
EJEMPLOS
- *A mí me quieren como a Tito y soy serio como **Cotto** (LA MuDANZA)*

códigos
sustantivo masculino plural
Conjunto de normas, prácticas o saberes que caracterizan la manera de convivir en un contexto social determinado.
EJEMPLOS
- *Están arriba, en el monte*
  *Los **códigos** de verdad (CAFé CON RON)*

coger
verbo intransitivo
(Propio de varios países de Hispanoamérica, no usual en Puerto Rico).
Soez
Tener relaciones sexuales.
EJEMPLOS
- *A bellaquear, después a **coger***
  Tú te va' a juquear y esto se va a joder (VeLDÁ)
SINÓNIMOS: *chingar, darle, hacerlo, meter mano, singar*

coger para
verbo intransitivo
Encaminarse, dirigirse a un lugar.
EJEMPLOS
- *La mai se pasa orando pa ver si se recoge*
  *Pero son las 11 y **pa** la calle **coge**, ey (KETU TeCRÉ)*

combo
sustantivo masculino
Grupo de amistades cercanas y leales.
EJEMPLOS
- *El Samurai está en brillo*
  *Y el **combo** va a chinchorrear (CAFé CON RON)*
SINÓNIMO: *corillo*

comer
verbo transitivo
Soez
Practicar el sexo oral.
EJEMPLOS
- *Tú va' a soñar conmigo después que te la **coma** (VeLDÁ)*
SINÓNIMOS: *bajar¹, mamar*

comerse la luz (roja)
frase verbal
Pasar sin detenerse cuando la luz del semáforo está roja, usualmente acelerando.
EJEMPLOS
- *Woh-oh, si nos vamo' underwater, te moja'.*
  *Yo te vo'a **comer** como **una luz roja** (VeLDÁ)*

EL ABC DE

con cojones
frase adverbial
Soez 😛
Mucho, en cantidad, con intensidad.
EJEMPLOS
- *Gente, los quiero **con cojones**, los amo (DtMF)*
- *Le meto **con cojone**' y con ovario' (LA MuDANZA)*

SINÓNIMOS: *con ovarios*

con ovarios
frase adverbial
Mucho, en cantidad, con intensidad, formado en paralelo a *con cojones*.
EJEMPLOS
- *Le meto con cojone' y **con ovario**' (LA MuDANZA)*

SINÓNIMOS: *con cojones*

conmigo no
expresión
Se usa para marcar límites con alguien y advertirle que no se le permitirá que engañe, manipule o tenga ciertos tratos.
EJEMPLOS
- ***Conmigo no**, yo fui el que te enseñé*
  Yo fui el que te enseñé
  A aplicarla como es
- *A frontear como es (KETU TeCRÉ)*

corillo
sustantivo masculino
Grupo de amistades o de personas con algún interés común y que pasan tiempo juntas.
EJEMPLOS
- *Tus amiga' y to'el **corillo** están bien ricas*
  Pero ese culo tuyo, ¡wow!, sobresalía
  (VOY A LLeVARTE PA PR)
- *Métanse to'el mundo, to'el **corillo**, vamo'*
  Zumba (DtMF)

SINÓNIMOS: *combo*

corrupto
referencia cultural
Hace referencia a los políticos y gobiernos corruptos que ha tenido Puerto Rico en las últimas décadas.
EJEMPLOS
- *Se oye al jíbaro llorando*
  Otro más que se marchó
  No quería irse pa Orlando
- *Pero el **corrupto** lo echó*
  (LO QUE LE PASÓ A HAWAii)

corte
sustantivo masculino
Arreglo musical, en referencia al arreglo de percusión final en la canción "CAFé CON RON".
EJEMPLOS
- *Me vo'a dar otra*
  *En lo que los muchacho' hacen el **corte***
  (CAFé CON RON)

crecía, crecío
De crecida, crecido
adjetivo
Maduro, desarrollado, envalentonado en su forma de ser, apariencia o actitud.
EJEMPLOS
- *Está **crecía**, embichá (KETU TeCRÉ)*

crush
Del inglés crush
sustantivo masculino
a. Persona por la cual se siente un gusto romántico intenso, típicamente en la juventud.
b. El gusto romántico en sí mismo.
EJEMPLOS
- *Te parece' a mi **crush**, jaja (DtMF)*

cuatro de julio, Fourth of July
referencia cultural
Fecha, en español e inglés, del Día de la Independencia de Estados Unidos, una gran fiesta nacional celebrada con desfiles, fuegos artificiales, actos públicos y reuniones familiares.
EJEMPLOS
- *4 de julio, Fourth of July*
  Ando con mi prima, borracho rulay (NUEVAYoL)

cuero
sustantivo masculino
Soez
a. Término despectivo que se utiliza para descalificar moralmente a una mujer, juzgando como excesiva o inadecuada su actividad sexual, ya sea real o percibida, o a una persona que mantiene relaciones sexuales a cambio de dinero.
b. Persona con amplia experiencia sexual.
EJEMPLOS
- *Llorando y bebiendo pitorro de coco*
  Que me trajo abuelo pa que vacilara
  *No pa que por un **cuero** a las 12 llorara*
  (PIToRRO DE COCO)

culo
sustantivo masculino
Soez
Persona con quien se tienen o se pueden tener relaciones sexuales, sin un compromiso romántico estable.
EJEMPLOS
- *Ey, chequéate el AP, nunca se va de hora*
  *Por eso ningún **culo** me ajora, ¡embuste! (VeLDÁ)*
- *Ese **culo** es de bichote (VeLDÁ)*

cultura
referencia cultural
Referencia a Cultura Profética, banda puertorriqueña de *reggae* formada en 1996.
EJEMPLOS
- *Calle Sol, calle Luna, estoy en la noche oscura*
  *Yo no canto reggae, pero soy **cultura***
  (LA MuDANZA)

cute
Del inglés *cute*
adjetivo
Bonito, mono, con gracia y encanto.
EJEMPLOS
- *Ese totito era bello, precioso, **cute** (KLOuFRENS)*

dale
expresión
Se usa para animar a alguien a que realice una acción, o para expresar acuerdo con una idea.
EJEMPLOS
- ***Dale**, mami, suéltate el grillete (VOY A LLeVARTE PA PR)*
- *Con los ojos me quitaste el traje Te tengo bailando sin modales **Dale** (PERFuMITO NUEVO)*
- *Y **dale**, actívate (Actívate) (VeLDÁ)*
- *Chillando goma, botando humo **Dale**, ponle (CAFé CON RON)*
- ***Dale**, mami, pégate (Ahh) (EoO)*

dar
frase verbal
Tener relaciones sexuales con alguien.
EJEMPLOS
- *Pero obligao tú te acuerdas de mí De cuando te **di** (EoO)*

SINÓNIMOS: *aplicársela, dárselo*

dar (un) break
Del inglés *to give a break*
frase verbal
a. Dar una tregua, pausa o descanso breve en medio de una situación o actividad exigente.
b. Dar una oportunidad.
EJEMPLOS
- *Acabo de mirar el reloj y son las 1:16 Significa que ya no te vo'a **dar break** (PERFuMITO NUEVO)*

dar castigo
frase verbal
Tener relaciones sexuales con alguien, asumiendo un rol activo, dominante y físicamente intenso.
EJEMPLOS
- *Baby, si hace un mes yo estaba **dándote castigo** Siempre he sido a fuego contigo (KETU TeCRÉ)*

SINÓNIMOS: *azotar, dar fuete*

dar deo
De *dar dedo*
frase verbal
Soez
Estimular sexualmente a una persona, penetrándola con los dedos.
EJEMPLOS
- *Ey, te **doy deo** bailando, mami, 'toy testing (EoO)*

dar fuete
frase verbal
Tener relaciones sexuales con alguien, asumiendo un rol activo, dominante y físicamente intenso.
EJEMPLOS
- *Ponte en cuatro, que te vo'a **dar fuete** (VOY A LLeVARTE PA PR)*

SINÓNIMOS: *azotar, dar castigo*

dar (un) palo
frase verbal
Lograr un gran éxito.
EJEMPLOS
- *Porque pasan los años y sigo **dando palo**'*
  Vendiendo discos como cuadro'e Frida Kahlo
  (NUEVAYoL)

darle
frase verbal
Tener relaciones sexuales.
EJEMPLOS
- *Hoy **le dimo**' y mañana **le damo**'*
  (PERFuMITO NUEVO)

SINÓNIMOS: *chingar, coger, hacerlo, meter mano, singar*

dárselo
frase verbal
Tener relaciones sexuales con alguien.
EJEMPLOS
- *La otra vez no **te lo di***
  Papi, sé que te lo debo (PERFuMITO NUEVO)
- *Y yo **se lo voy a dar** a la hora que sea*
  Si yo bajo pa'llá abajo, va a subir la marea
  (PERFuMITO NUEVO)
- *La otra vez no **te lo di***
  Mami, sé que te lo debo (PERFuMITO NUEVO)
- *Mami, **te lo doy** ahora y después también (VeLDÁ)*

SINÓNIMOS: *aplicársela, dar*

darse (una, dos, otra)
verbo pronominal
Tomar una bebida alcohólica, usualmente cerveza.
EJEMPLOS
- *Me vo'a **dar otra***
  En lo que los muchacho' hacen el corte
  (CAFé CON RON)

de aquí nadie me saca...
referencia cultural
Hace referencia al desplazamiento de puertorriqueños causado en gran medida por extranjeros en la isla con alto poder adquisitivo, y a la resistencia de permanecer en ella.
EJEMPLOS
- ***De aquí nadie me saca***
  De aquí yo no me muevo
  Dile que esta es mi casa
  Donde nació mi abuelo (LA MuDANZA)

RELACIONADAS: *quieren quitarme el río...*

de embuste
frase adjetival
Falso, artificial, no verdadero.
EJEMPLOS
- *Tú te viene', yo voy, dale, sígueme (Sígueme)*
  *Con ese culo **de embuste** de animé*
  (Animé), ma, de animé (VeLDÁ)

RELACIONADAS: *embuste*

de piquito
frase adjetival
Dicho de un beso, dado con un toque ligero de labios fruncidos como pequeños picos.
EJEMPLOS
- *Vamo' a besarnos frente a las olas*
  *Aunque sea **de piquito**, de piquito,*
  de piquito pin-pin, pin-pin-pin (WELTiTA)

EL ABC DE

de piquito pin-pin
referencia musical
Referencia a la canción de salsa "Periquito Pin Pin", del puertorriqueño Tommy Olivencia y su orquesta, del álbum *Ayer, hoy, mañana y siempre*, de 1986.
EJEMPLOS
- *Vamo' a besarnos' frente a las olas*
- *Aunque sea de piquito, de piquito,* **de piquito pin-pin**, *pin-pin-pin (WELTiTA)*

de una
frase adverbial
De una vez, enseguida.
EJEMPLOS
- *Si te pienso, me tiro de una (BAILE INoLVIDABLE)*

Dei V
nombre propio
Nombre artístico de David Rivera Juarbe, cantante y compositor puertorriqueño de reguetón y trap.
EJEMPLOS
- *Ando con Bad Bo, con* **Dei V**, *y tú con tus girlas (VeLDÁ)*
- *La liga multiplatino*
  Bad Bunny, **Dei V**, *Omar Courtz (VeLDÁ)*
- *Dando vuelta' por la SanSe escuchando a* **Dei V** *y a Ousi (KLOuFRENS)*

dembow
sustantivo masculino
Ritmo básico del reguetón y de otros géneros urbanos afines, caracterizado por un patrón percusivo con un pulso constante y bailable.
EJEMPLOS
- *¿Cómo Bad Bunny va a ser rey del pop, ey,*
  Con reggaetón y **dembow**, *ey? (NUEVAYoL)*

diabla, diablo
sustantivo femenino
Persona traviesa, atrevida, temeraria, que actúa con osadía o provocación.
EJEMPLOS
- *La nueva mama bien, pero no es tu boquita*
  Mi **diabla**, *mi ángel, mi loquita (BAILE INoLVIDABLE)*
SINÓNIMO: *loca, loco*

diablo(s)
interjección
Se usa para expresar sorpresa, o para intensificar una expresión.
EJEMPLOS
- *¿Qué* **diablo** *estará haciendo?*
  ¿Estará jangueando? ¿Estará durmiendo? (EL CLúB)
- *¿Cómo* **diablos** *vo'a olvidarte?*
  Si ya te vi sin ropa (KLOuFRENS)
- *Aquí todavía se da caña*
  Chequéate las babies, **diablo**, *mami, qué dulce (DtMF)*
RELACIONADAS: *ea, diablo*

dialecto
sustantivo masculino
Se refiere a la variedad del español hablada en Puerto Rico, que tiene rasgos propios y elementos compartidos con el español caribeño, atlántico e hispanoamericano.
EJEMPLOS
- *En el mundo entero ya conocen mi* **dialecto**
  Mi jerga (LA MuDANZA)
RELACIONADAS: *jerga*

disco

Acortamiento de *discoteca*
sustantivo femenino
Club nocturno para bailar al son de música en vivo o grabada.
EJEMPLOS
- *Salimos de la **disco** y estaba de día*
  Obviamente salí con la que quería, ey
  (VOY A LLeVARTE PA PR)
- *La **disco** está llena y a la vez vacía*
  Porque no está la nena mía (EL CLúB)
- *Ahora te sueltas*
  *Y sales pa la **disco** a perrear* (KETU TeCRÉ)
- *Tra-tra, baby, hasta abajo, baby*
  *En la **disco**, baby, yo te cojo, baby* (EoO)

SINÓNIMOS: *club*

DM

Del inglés *DM*, abreviatura de *direct message*
sustantivo masculino
Función de mensajería directa y privada entre dos personas en las redes sociales.
EJEMPLOS
- *Voy pa'l **DM***
  De espalda, de lao o de frente
  En toa' las fotitos se ve bien (VeLDÁ)

doble cinco

sustantivo masculino
Ficha de dominó que tiene cinco puntos en ambos lados.
EJEMPLOS
- *Con el doble seis y **doble cinco** me*
  trancaste el juego (PITORRO DE COCO)

doble seis

sustantivo masculino
Ficha de dominó que tiene seis puntos en ambos lados.
EJEMPLOS
- *Con el **doble seis** y doble cinco me*
  trancaste el juego (PIToRRO DE COCO)

dominó

sustantivo masculino
Juego de mesa compuesto por 28 fichas rectangulares, cada una dividida en dos lados, numerados con puntos del cero al seis, muy popular en el Caribe.
EJEMPLOS
- *Ey, hoy voy a estar con abuelo to'el día*
  *Jugando **dominó*** (DtMF)

Don

nombre propio
Acortamiento de Don Omar, nombre artístico de William Omar Landrón Rivera, cantante, compositor y productor puertorriqueño de rap y reguetón.
EJEMPLOS
- *Y no sé si es la yerba, pero tú tiene' los*
  *ojos chiquito' como si fuera **Don*** (VeLDÁ)

DtMF

nombre propio
a. Título de una canción del disco *DeBÍ TiRAR MáS FOToS*, de Bad Bunny, de 2025.
b. Abreviatura de "Debí tirar más fotos".

EL ABC DE

ea, diablo
interjección
Se usa para expresar sorpresa, extrañeza o admiración.
EJEMPLOS
- ***Ea, diablo**, tú ere' una bellaquita igual que yo (PERFuMITO NUEVO)*
- ***Ea, diablo**
¡Rumba!
Gracias, mami, por parirme aquí (LA MuDANZA)*

RELACIONADA: *diablo(s)*

El Bronx
nombre de lugar
Distrito en el norte de la ciudad de Nueva York, con una población significativa de puertorriqueños desde la década de 1940.
EJEMPLOS
- *Los mío' en **El Bronx** saben la que hay (NUEVAYoL)*

el malo
referencia musical
a. Referencia al disco de salsa *El Malo*, de Willie Colón y Héctor Lavoe, de 1967.
b. Alusión al nombre artístico de Bad Bunny en español: "Conejo Malo".
EJEMPLOS
- *Willie Colón, me dicen **"el malo"**, ey
Porque pasan los años y sigo dando palo' (NUEVAYoL)*

embichá, embichao
De *embichada, embichado*, derivado de *bicha, bicho*
adjetivo
Soez 🎭
Persona que se ha puesto "bicha", es decir, antipática, altanera y presumida.
EJEMPLOS
- *Está crecía, **embichá**
Pero la tengo fichá (KETU TeCRÉ)*

embuste
sustantivo masculino
Mentira, guasa.
EJEMPLOS
- *Ey, chequéate el AP, nunca se va de hora
Por eso ningún culo me ajora, ¡**embuste**! (VeLDÁ)*

RELACIONADAS: *de embuste*

en brillo
frase adjetiva
Dicho de un vehículo, lavado y pulido, listo para ser lucido.
EJEMPLOS
- *El Samurai está **en brillo** y el combo va a chinchorrear (CAFé CON RON)*

en cuatro

Acortamiento de *en cuatro patas*
frase adverbial
Apoyado sobre la palma de las manos y las rodillas, típicamente para realizar el acto sexual.
poner(se) en cuatro
EJEMPLOS
- *Ponte **en cuatro**, que te vo'a dar fuete*
  (VOY A LLeVARTE PA PR)

en high

Del inglés *high*
frase adverbial
En un nivel alto o potente, intenso, lleno de energía.
EJEMPLOS
- *Los mío' en El Bronx saben la que hay*
  *Con la nota **en high** por Washington Heights*
  (NUEVAYoL)

en la buena

frase adjetival
De buen ánimo, con actitud positiva, optimista.
EJEMPLOS
- *Cuando no estoy **en la buena***
  Tú me llevas a hacer castillos de arena (WELTiTA)

en la mía, tuya, suya

frase adjetival
Enfocado en sus propios asuntos o intereses.
EJEMPLOS
- *Yo estoy **en la mía**, no tengo adversarios, no*
  (NUEVAYoL)

en musa

De *musa*, una de las nueve diosas griegas que inspiran en los humanos la creación artística
frase adjetival
Inspirado, lleno de ideas creativas, ya sea al natural o mediante el consumo de drogas.
EJEMPLOS
- *¿Qué tú tiene' que me pone' **en musa**?*
  (PERFuMITO NUEVO)

en repeat

Del inglés *on repeat*
locución adverbial
Repetidamente, en referencia a reproducir la misma canción una y otra vez.
EJEMPLOS
- *Tú eres mi canción favorita*
  *Y **en repeat** te vo'a tocar, ey, te la vo'a aplicar*
  (WELTiTA)

enchulá, enchulao

De *enchulada, enchulado*
adjetivo
Muy enamorado y entusiasmado con una pareja romántica, usualmente nueva.
EJEMPLOS
- *Me paso stalkeándote pa ver qué haces*
  ***Enchulao**, puede que se me pase* (KLOuFRENS)

encojonarse

verbo pronominal
Soez 😤
Molestarse, enojarse, irritarse mucho.
EJEMPLOS
- *Yo soy celoso con mis sentimientos*
  *Entonces me **encojona**, me duele, me molesta*
  Mostrárselos a alguien que no los merece
  (KETU TeCRÉ)

EL ABC DE

envuelta, envuelto

Calco del inglés *involved*
adjetivo
Involucrado o inmerso plenamente en una situación o actividad.
EJEMPLOS
- *Tú y yo estamo* **envuelto'** *en el bellaqueo* (EoO)

EeO

nombre propio
a. Título de una canción del disco *DeBÍ TiRAR MáS FOToS*, de Bad Bunny, de 2025.
b. Final de la palabra *perreo*, usado como estribillo en la canción "EoO".
EJEMPLOS
- *Siempre queremos perreo,* **eoo**
  Tú y yo estamo envuelto' en el bellaqueo (EoO)
- *Cuando nos ponen perreo,* **eeo**, *ey*
  No me ronquen, cabrones, que
  acá no los veo (EoO)

esbaratá, esbaratao

De *desbaratada, desbaratado*
adjetivo
Arrasado o agotado, después de una celebración intensa, prolongada y enérgica.
EJEMPLOS
- *Hoy la calle la dejamos* '**esbaratá** (DtMF)

estar buena, estar bueno

frase verbal
Ser atractivo física y sexualmente.
EJEMPLOS
- *Tú* **estás buena** *y yo* **estoy bueno** *también* (NUEVAYoL)
- *Vamo' a terminar mal, sí*
  Porque yo soy un problema
  Y porque tú **estás buena** (VeLDÁ)

SINÓNIMOS: *estar fit; estar rica, estar rico*

estar rica, estar rico

frase verbal
Ser atractivo física y sexualmente.
EJEMPLOS
- *Tus amigas y to'el corillo* **están** *bien* **ricas**
  Pero ese culo tuyo, ¡wow!, sobresalía (EoO)

SINÓNIMOS: *estar buena, estar bueno; estar fit*

estar dating

Del inglés *to date*
verbo intransitivo
Salir en citas con personas para conocerlas y explorar el potencial de una relación romántica.
EJEMPLOS
- *Anda cazando, no* **está dating** (EoO)

estar fit

Del inglés *to be fit*
frase verbal
Ser atractivo física y sexualmente, especialmente si se tiene buen tono muscular.
EJEMPLOS
- *Mami, tú* **estás fit**
  Pa lamberte los abdominales (EoO)

SINÓNIMOS: *estar buena, estar bueno; estar rica, estar rico*

estar pa

De *estar para*
frase verbal
Tener la disposición y las ganas de hacer algo o estar con alguien.

EJEMPLOS
- Hoy **estoy pa** ti
  ¿Qué vas a hacer si me *pego*?
  (PERFuMITO NUEVO)
- Ya no **estamo' pa** la *movie'* y las *cadenas*
  Estamos pa las cosas que valgan la pena
  Ey, pa'l *perreo*, la *salsa*, la *bomba* y la *plena* (DtMF)

RELACIONADAS: *estar puesta pa, estar puesto pa*

estar puesta pa, estar puesto pa

De *estar puesta para, estar puesto para*
frase verbal
Estar listo, dispuesto y entusiasmado por realizar algo o estar con alguien.

EJEMPLOS
- **Estoy puesto** pa'l lío
  Dime si tú *lías* (VOY A LLeVARTE PA PR)

RELACIONADAS: *estar pa*

estar testing

Del inglés *to test*
verbo transitivo
Hacer pruebas, tantear.

EJEMPLOS
- Ey, te *doy deo* bailando, mami, '**toy testing**
  (EoO)

esto se va a joder

expresión
Soez
Expresa la inevitabilidad de que algo va a acabar de manera caótica o explosiva. Su forma más frecuente es "esto se jodió".

EJEMPLOS
- A *bellaquear*, después a *coger*
  Tú te va' a *juquear* y **esto se va a joder** (VeLDÁ)

eyelash

Del inglés *eyelash*
sustantivo femenino
Pestaña, en referencia a las pestañas postizas.

EJEMPLOS
- Uñas, **eyelash**
  Fotitos con más flash, eh (KETU TeCRÉ)

EL ABC DE

Fajardo
nombre de lugar
Municipio costero ubicado en la punta noreste de Puerto Rico.
EJEMPLOS
- *De Arecibo hasta Ponce*
  *De **Fajardo** a Rincón (CAFé CON RON)*

fichá, fichao
De fichada, fichado
adjetivo
Identificado o sorprendido cometiendo una actividad cuestionable.
EJEMPLOS
- *Está crecía, embichá*
  *Pero la tengo **fichá** (KETU TeCRÉ)*

finde
Acortamiento de *fin de semana*
sustantivo masculino
Fin de semana.
EJEMPLOS
- *Te vo'a llevar pa PR to'el **finde***
  (VOY A LLeVARTE PA PR)
SINÓNIMOS: *weekend*

flashback
Del inglés *flashback*
sustantivo masculino
Memoria vívida y súbita de un incidente pasado.
EJEMPLOS
- *A-A veces vienen los **flashback**,*
  tú y yo chingando agresivo (BOKeTE)

flow
Del inglés *flow*
sustantivo masculino
a. Estilo o modo de cantar o de interactuar con la música.
b. Estilo o modo de vestir, de actuar o de ser en general.
EJEMPLOS
- *Cuando yo nací, fue que nació el **flow** (NUEVAYoL)*
- *De lao a lao, ping-pong*
  ***Flow** pesao, Big Pun (NUEVAYoL)*

follow
Del inglés *follow*
sustantivo
Opción de "seguir" o suscribirse a las publicaciones de alguien en las redes sociales.
dar follow
EJEMPLOS
- *Me diste **follow** y te di follow back*
  Me diste like y yo te di dos pa'trás (VeLDÁ)
RELACIONADAS: *follow back*

follow back
sustantivo
Opción de "seguir" de vuelta a alguien que ya sigue a uno en las redes sociales.
dar follow back
EJEMPLOS
- *Me diste follow y te di **follow back***
- *Me diste like y yo te di dos pa'trás (VeLDÁ)*

RELACIONADAS: *follow*

Frida Kahlo
nombre propio
Pintora mexicana de la primera mitad del siglo XX, conocida principalmente por sus autorretratos impactantes, cuya obra es muy cotizada.
EJEMPLOS
- *Porque pasan los años y sigo dando palo' Vendiendo discos como cuadro'e **Frida Kahlo** (NUEVAYoL)*

frontear
verbo intransitivo
Presentar aires de superioridad, grandeza y fortaleza, a veces de manera desafiante.
EJEMPLOS
- *Yo fui el que te enseñé A aplicarla como es A **frontear** como es (KETU TeCRÉ)*

RELACIONADAS: *roncar*

Frontón
nombre de lugar
Barrio en el municipio de Ciales, ubicado en la región central montañosa de Puerto Rico.
EJEMPLOS
- *Es la voz de todo un barrio Desde Almirante a **Frontón** (CAFé CON RON)*

fumar
verbo intransitivo
Fumar marihuana.
EJEMPLOS
- *¿Estará jangueando? ¿Estará durmiendo?*
- *¿Estará **fumando**? ¿Estará bebiendo? (EL CLúB)*

SINÓNIMOS: *prender, quemar*

EL ABC DE

galla
De gallo
sustantivo femenino
Mujer atractiva, con actitud y estilo propios.
EJEMPLOS
- *Otra **galla** como tú todavía no he pisao (KLOuFRENS)*

SINÓNIMOS: *baby¹, gata*

galón
sustantivo masculino
Medida de capacidad para líquidos, equivalente a 3.8 litros.
EJEMPLOS
- *Hoy yo no quiero dormir*
  Lo que quiero yo
  Es amanecerme
  *Y beberme un **galón** (CAFé CON RON)*

gata, gato
sustantivo
a. Persona atractiva y sensual, típicamente en un ambiente de disfrute urbano o nocturno.
b. Pareja.
EJEMPLOS
- *Con silenciador le' robamos las **gatas** James Bond, ey (NUEVAYoL)*
- *Que bailen toa' las **gatas**, nos fuimos algarete (VOY A LLeVARTE PA PR)*

SINÓNIMOS: *baby¹, galla*

gente
vocativo
Se usa para dirigirse a un grupo de personas, en general con tono amistoso o afectivo.
EJEMPLOS
- ***Gente**, los quiero con cojones, los amo (DtMF)*

ghostear
Del inglés to ghost
verbo transitivo
Cortar comunicación con alguien abruptamente y sin explicación, típicamente por teléfono celular o redes sociales.
EJEMPLOS
- *No sé qué pasó*
  Yo le pedí a Dios
  *Pero él también me **ghosteó** (EL CLúB)*

girla
Del inglés girl
sustantivo femenino
Muchacha, amiga.
EJEMPLOS
- *Baby, te habla Ousi, un placer conocerla*
  *Ando con Bad Bo, con Dei V, y tú con tus **girlas** (VeLDÁ)*

glossy

Del inglés *glossy*
adjetivo
Brilloso, de superficie brillante.
EJEMPLOS
- *Quiero comerte esos labios **glossy**, oh, sí*
  (KLOuFRENS)

grillete

sustantivo masculino
a. Localizador electrónico que se coloca en el tobillo de un convicto que se encuentra en probatoria.
b. Novio o novia, persona con quien se tiene un compromiso amoroso serio.
EJEMPLOS
- *Dale, mami, suéltate el **grillete***
  (VOY A LLeVARTE PA PR)

gringa, gringo

sustantivo/adjetivo
Persona procedente de los Estados Unidos. *Puede ser despectivo.*
EJEMPLOS
- *Le llegó bien loca como una **gringa** en La Perla*
  (VeLDÁ)

guiar

verbo transitivo
Conducir un vehículo.
EJEMPLOS
- *Cabrón, **guía** tú, que hasta caminando yo estoy que choco* (DtMF)
- *El mayor de seis, trabajando desde chamaquito **Guiando** camiones como el pai y el abuelo* (LA MuDANZA)

güiro

Indigenismo
sustantivo masculino
Instrumento musical de forma alargada y cilíndrica, típico de la música puertorriqueña, con estrías horizontales que suenan al frotarlas con un raspador.
EJEMPLOS
- *Y sería cabrón que tú me toque' el **güiro*** (DtMF)

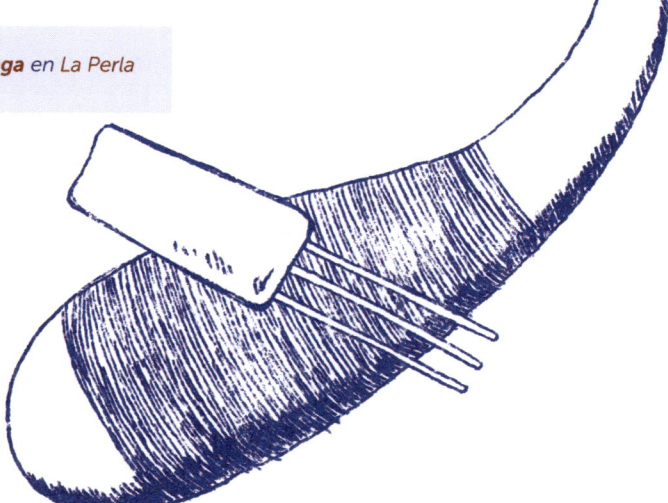

hablar mierda
frase verbal
a. Conversar de cosas triviales, tontas o sin sentido.
b. Decir falsedades.
EJEMPLOS
- *Hoy yo quiero beber, beber, beber
Y **hablar mierda** hasta que me expulsen (DtMF)*

hacerlo
frase verbal
Tener relaciones sexuales.
EJEMPLOS
- *Cómo tú me besabas, cómo yo te **lo hacía**
Cómo tú me mirabas, bellaquito me ponía
(BAILE INoLVIDABLE)*
- *Baby, tú **lo haces** como si supieras
Hasta tú te pondrías bellaca si con mis ojos
te vieras, te vieras (VeLDÁ)*
- *Después que te **lo hice** bien, ahora
quieres portarte mal (KETU TeCRÉ)*

SINÓNIMOS: *chingar, coger, darle, meter mano, singar*

hasta abajo
frase adverbial
a. Bajando hasta casi tocar el suelo al *perrear*.
b. Con entrega total, hasta las últimas consecuencias.
EJEMPLOS
- *Tra-tra, baby, **hasta abajo**, baby (EoO)*

Hawái / Hawaii
nombre de lugar
Archipiélago en el océano Pacífico que fue ocupado por Estados Unidos en 1898 e integrado como estado a esa nación en 1959, lo cual ha tenido efectos adversos sobre la población nativa, su tenencia de tierras, su cultura y sus idiomas.
EJEMPLOS
- *No, no suelte' la bandera
Ni olvide' el lelolai
Que no quiero que hagan contigo
Lo que le pasó a **Hawái**
(LO QUE LE PASÓ A HAWAii)*

Ho-Oh
nombre de personaje de ficción
Ave legendaria en la franquicia de dibujos animados japonesa Pokémon, conocida como el "guardián del cielo".
EJEMPLOS
- *Lugia, **Ho-Oh**
Cabrón, yo soy legendario (LA MuDANZA)*

hookah

Del inglés *hookah* y este del árabe *huqqa*
sustantivo femenino
Pipa para fumar tabaco o marihuana, compuesta por un recipiente donde se quema la picadura, otro con agua donde se enfría el humo, y un tubo largo y flexible por el cual se inhala.
EJEMPLOS
- *Hoy la calle está prendida*
  ***Hookah**, pastilla molida (VOY A LLeVARTE PA PR)*
- *Las mujere' encima de mí*
  *La **hookah**, las pastilla' y un blunt (EL CLúB)*
- *A tirar chavo' en el club*
  *La **hookah** y la Moët (KETU TeCRÉ)*

horita

De *ahorita*
adverbio
Poco antes o poco después del momento en que se habla.
EJEMPLOS
- *Tírate fotito' ahora, porque **horita** te vo'a despeinar (VOY A LLeVARTE PA PR)*

Hostos

nombre propio
Eugenio María de Hostos (1839-1903), intelectual y educador puertorriqueño que luchó por la independencia de Puerto Rico y la unidad de Hispanoamérica, y quien está enterrado en Santo Domingo, según su voluntad de que sus restos regresen a Puerto Rico solo cuando la isla sea independiente.
EJEMPLOS
- *Si mañana muero,*
  yo espero que nunca olviden mi rostro
  *Y pongan un tema mío el día que traigan a **Hostos**
  (LA MuDANZA)*

hoy se bebe

expresión
Se usa para anunciar con entusiasmo que ese día se consumirá alcohol sin restricciones y habrá festejo.
EJEMPLOS
- ***Hoy se bebe***
  Y nadie nos va a parar (CAFé CON RON)

humo

sustantivo masculino
Humo de la marihuana, y sus efectos en una persona.
EJEMPLOS
- *El **humo** empañó el camino*
  Y no pude recordar
  El camino pa mi casa (CAFé CON RON)

EL ABC DE

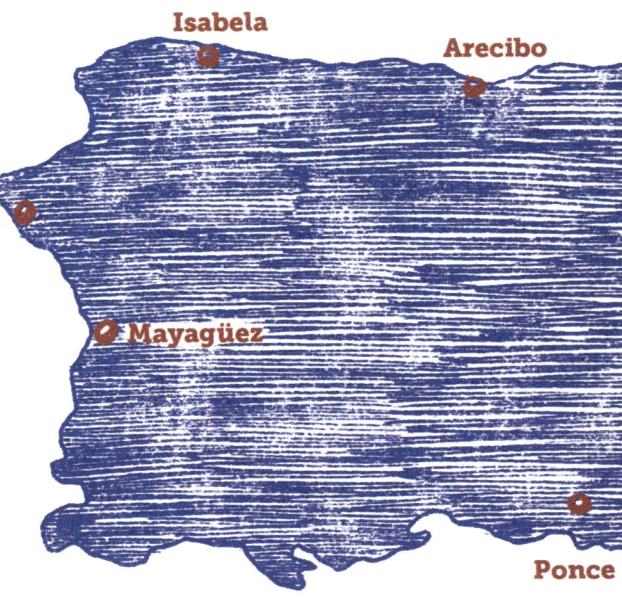

importar un bicho
frase verbal
Soez 😖
No importar en absoluto algo, no tener ningún valor o interés.
EJEMPLOS
- *A mí me **importa un bicho** lo que a ti te vale verga (LA MuDANZA)*

SINÓNIMOS: *valer verga*
RELACIONADAS: *bicho*

inventar
verbo intransitivo
Maquinar o tramar algo.
EJEMPLOS
- *Estás escuchando al número uno en venta' Por eso con nosotros nadie **inventa** (EoO)*

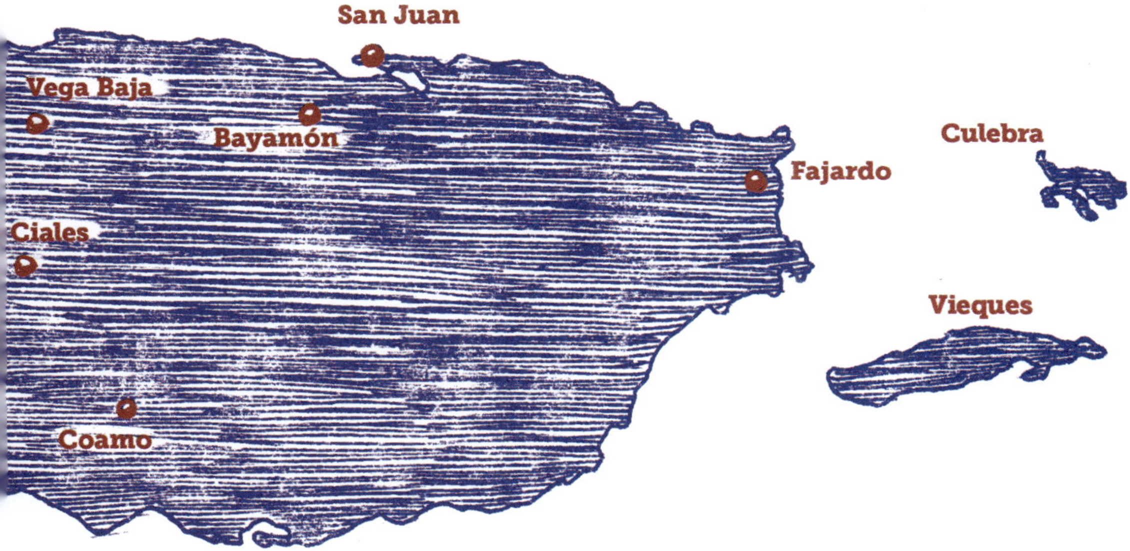

irse la luz
frase verbal
Interrumpirse el suministro de energía eléctrica, en referencia a los frecuentes apagones en Puerto Rico.
EJEMPLOS
- Uh, uh, uh, tú ere' mala, **te fuiste como la luz** *(PIToRRO DE COCO)*

isla
sustantivo femenino
Hace referencia a la isla de Puerto Rico, incluidas las islas municipio de Vieques y Culebra.
EJEMPLOS
- No quería irse tampoco
  Y en la **isla** se quedó *(LO QUE LE PASÓ A HAWAii)*
- Dime si te va' a montar
  Pa la **isla** tengo el portal *(VOY A LLeVARTE PA PR)*

SINÓNIMOS: archipiélago, Borinquén, P FKN R, PR, Puerto Rico

EL ABC DE

Jacinto
nombre de lugar
Referencia al pozo de Jacinto, una cueva abierta en la costa del municipio de Isabela, en el noroeste de Puerto Rico, famosa por el chorro de agua que brota cuando el mar golpea con fuerza; según la leyenda, Jacinto y su vaca cayeron por la apertura, y se dice que al gritar "¡Jacinto!", el mar responde con un potente chorro.
EJEMPLOS
- *Y en el pozo nos dimos la mano*
- *Y gritamos: "¡**Jacinto**!" (WELTiTA)*

RELACIONADAS: pozo

jalón de oreja
sustantivo masculino
Regaño o llamada de atención, en referencia al antiguo acto de halar la oreja de un niño para reprenderlo.
EJEMPLOS
- *Gracias a mami y papi por to' los **jalone' de oreja** (LA MuDANZA)*

James Bond
nombre de personaje de ficción
Agente secreto británico con múltiples talentos y carácter seductor, creado por el escritor Ian Fleming y protagonista de múltiples libros y películas.
EJEMPLOS
- *Con silenciador le' robamos las gatas **James Bond**, ey (NUEVAYoL)*

janguear
Del inglés to hang
verbo intransitivo
a. Pasar un rato relajado en compañía de amistades.
b. Socializar y divertirse de manera festiva, lo cual puede incluir baile, consumo de alcohol y, en ocasiones, drogas.
EJEMPLOS
- *Tráete a tu amiga si te gusta la idea*
  *Dile que esta noche vamo' a **janguear** (VOY A LLeVARTE PA PR)*
- *¿Qué diablo estará haciendo?*
  *¿Estará **jangueando**? ¿Estará durmiendo? (EL CLúB)*

RELACIONADAS: jangueo

jangueo
sustantivo masculino
Acción o evento de pasar el rato socializando con amistades, de manera relajada o festiva, con o sin baile, alcohol y drogas.
EJEMPLOS
- *No la llame' en el **jangueo** si no quieres que mienta (EoO)*

RELACIONADAS: *janguear*

jerga
sustantivo femenino
Referencia al habla particular de Bad Bunny, que refleja tanto rasgos del lenguaje juvenil puertorriqueño y del entorno del reguetón como elementos distintivos de su propio estilo.
EJEMPLOS
- *En el mundo entero ya conocen mi dialecto Mi **jerga** (LA MuDANZA)*

jíbara, jíbaro
sustantivo
Campesino puertorriqueño, figura emblemática de la vida rural y del Puerto Rico de antaño.
EJEMPLOS
- *Se oye al **jíbaro** llorando Otro más que se marchó (LO QUE LE PASÓ A HAWAii)*
- *Otra **jíbara** luchando Una que no se dejó (LO QUE LE PASÓ A HAWAii)*

Jowell & Randy
nombre propio
Dúo puertorriqueño de reguetón, formado por Joel "Jowell" Muñoz y Randy Ortiz, activo desde 2002.
EJEMPLOS
- *Escuchando viejeras de Plan B Hey, "Shorty" de **Jowell y Randy** (KETU TeCRÉ)*

Juan Soto
nombre propio
Beisbolista dominicano que juega para los Mets de Nueva York, con quienes firmó un contrato récord por $765 millones en 2025.
EJEMPLOS
- *Con los Yankees y los Mets, **Juan Soto** A correr, que otra vez la sacamo'el estadio (Ey) (NUEVAYoL)*

juquearse
Del inglés *to get hooked*
verbo pronominal
a. Volverse adicto a una droga o sustancia.
b. Desarrollar interés o afición excesiva por alguna cosa.
EJEMPLOS
- *A bellaquear, después a coger Tú te va' a **juquear** y esto se va a joder (VeLDÁ)*

jurao
De *jurado*
expresión
Se usa para reforzar la sinceridad o veracidad de una declaración.
EJEMPLOS
- *Y tirarte las fotos que no te tiré (Acho, **jurao** te ves bien linda, déjame tirarte una foto) (DtMF)*

EL ABC DE

KETU TeCRÉ

nombre propio
a. Título de una canción del disco *DeBÍ TiRAR MáS FOToS*, de Bad Bunny, de 2025.
b. Representación fonética de "¿Qué tú te crees?".
VARIANTES: *¿Qué tú te crees?*

kilo

sustantivo/adjetivo
Kilogramo, medida de peso equivalente a 2.2 libras, usada comúnmente para la producción, transporte y distribución mayorista de la cocaína.
EJEMPLOS
- *Mi blanquita, perico, mi **kilo*** *(DtMF)*

KLOuFRENS

nombre propio
a. Título de una canción del disco *DeBÍ TiRAR MáS FOToS*, de Bad Bunny, de 2025.
b. Representación fonética de *close friends*, "mejores amigos" o "amigos cercanos", categoría de seguidores con acceso a contenidos exclusivos y privilegiados en una cuenta de redes sociales.
VARIANTES: *close friends*

la calle

sustantivo femenino
a. Zonas urbanas donde se expresa la cultura popular a través de la música, el entretenimiento y la vida social, pero que también pueden implicar riesgos, peligrosidad o violencia.
b. Espacio urbano exterior y compartido, escenario del encuentro público y de la vida cotidiana en la ciudad.

EJEMPLOS
- *La mai se pasa orando pa ver si se recoge Pero son las 11 y pa **la calle** coge, ey (KETU TeCRÉ)*
- *Ya estamo' en **la calle** Sal de tu balcón (CAFé CON RON)*
- *Gracias a mami y papi por to' los jalone' de oreja Nunca me han visto en **la calle** ni en los podcast dando queja' (LA MuDANZA)*

LA CANCIÓN

nombre propio
Tema de Bad Bunny y J Balvin, parte de su álbum colaborativo *OASIS*, de 2019.

EJEMPLOS
- *Bien loco cantando "**LA CANCIÓN**" (EL CLúB)*

la nueva

referencia cultural
Se refiere a la generación de cantantes de reguetón que surgió alrededor de 2010, en contraste a los de *la vieja*, que dieron comienzo al género en los 1990.

EJEMPLOS
- *El mejor de **la nueva** porque me crie en la vieja (LA MuDANZA)*

RELACIONADAS: *la vieja*

la oficial

frase sustantiva
La pareja estable y reconocida públicamente, frente a otras relaciones más pasajeras o informales.

EJEMPLOS
- *Yo que te di de to Cuando tú era' **la oficial** (KETU TeCRÉ)*

La Perla

nombre de lugar
Comunidad histórica del Viejo San Juan, situada fuera de las murallas coloniales y frente al mar, de origen humilde, objeto de un creciente interés turístico por su aparición en videos musicales como "La Perla", de 2008, de René Pérez, y "Despacito", de 2017, de Luis Fonsi.

EJEMPLOS
- *Le llegó bien loca como una gringa en **La Perla** (VeLDÁ)*

EL ABC DE

la que hay
frase sustantiva
Lo esencial, lo definitivo e incambiable en alguna situación.
EJEMPLOS
- *Los mío' en El Bronx saben **la que hay** (NUEVAYoL)*

la vieja
referencia cultural
Se refiere a la generación de cantantes de reguetón que popularizaron el género en sus orígenes, en la década de los 1990, en contraste con *la nueva*, que surge hacia 2010.
EJEMPLOS
- *El mejor de la nueva porque me crie en **la vieja** (LA MuDANZA)*

RELACIONADAS: *la nueva*

lamber
verbo transitivo
Lamer.
EJEMPLOS
- *Mami, tú estás fit*
  *Pa **lamberte** los abdominales (EoO)*

Lambo
marca comercial
Acortamiento de Lamborghini, marca italiana de automóviles de lujo.
EJEMPLOS
- *Yo bajo pa tu barrio low-key en la Tacoma*
  *O si no, en la **Lambo**, en una movie cabrona*
  (VeLDÁ)

Lápiz
nombre propio
Lápiz Conciente, nombre artístico de Avelino Figueroa, rapero dominicano.
EJEMPLOS
- *Me siento como el **Lápiz** en "Capea el Dough"*
  (NUEVAYoL)

lelolai
sustantivo masculino
Estribillo típico en la música jíbara o campesina en Puerto Rico.
EJEMPLOS
- *No, no suelte' la bandera*
  *Ni olvide' el **lelolai***
  Que no quiero que hagan contigo
  Lo que le pasó a Hawái
  (LO QUE LE PASÓ A HAWAii)

liar
verbo intransitivo
Participar en una relación amorosa o erótica, normalmente pasajera.
EJEMPLOS
- *Estoy puesto pa'l lío*
  *Dime si tú **lías** (VOY A LLeVARTE PA PR)*

like
Del inglés *like*
sustantivo masculino
"Me gusta", indicación de agrado o aprobación de una publicación en las redes sociales, expresada mediante un ícono. *dar like*
EJEMPLOS
- *Me diste follow y te di follow back*
  *Me diste **like** y yo te di dos pa'trás (VeLDÁ)*

lista de waiting
Del inglés *waiting list*
sustantivo femenino
Lista de espera.
EJEMPLOS
- *Tiene a veinte en **lista de waiting** (EoO)*

llegarle
frase verbal
Ir a un lugar, asistir a un evento.
EJEMPLOS
- *Mami, te lo doy ahora y después también
  Subió una story cerca, estoy que **le llego** a pie, eh*
  (VeLDÁ)
- ***Le llegó** bien loca como una gringa en La Perla*
  (VeLDÁ)

Llorens
nombre de lugar
Residencial público o *caserío* ubicado en San Juan, nombrado por el poeta Luis Llorens Torres (1876-1944).
EJEMPLOS
- *Que lo bailen en **Llorens**
  Que lo bailen en Canales* (CAFé CON RON)

loca, loco
sustantivo/adjetivo
Persona de conducta desinhibida, atrevida, desordenada, o que está bajo los efectos del alcohol o las drogas.
EJEMPLOS
- *La nueva mama bien, pero no es tu boquita
  Mi diabla, mi ángel, mi **loquita*** (BAILE INoLVIDABLE)
- *Le llegó bien **loca** como una gringa en La Perla*
  (VeLDÁ)
- *Bien **loco** cantando "LA CANCIÓN"
  Después de aquí nos vamo' pa—* (EL CLúB)
- *Son las 12:04, y ya estoy bien **loco**
  Llorando y bebiendo pitorro de coco*
  (PIToRRO DE COCO)
- *Toy bien **loco**
  Cabrón, guía tú, que hasta caminando
  yo estoy que choco* (DtMF)

EL ABC DE

loma

sustantivo femenino
En el beisbol, sitio en el centro del diamante donde se para el *pitcher* o lanzador.
EJEMPLOS
- *Ey, tú ere' una pícher, mami, pero yo me crie en la **loma** (VeLDÁ)*

loquera

sustantivo femenino
a. Locura, situación absurda o desordenada.
b. Estado alterado por consumo de alcohol o drogas.
EJEMPLOS
- *Clase de **loquera**, y hoy me están tirando de nuevo pa bajar p'allá (CAFé CON RON)*

los 90

referencia cultural
Referencia a la década de los 1990, cuando el reguetón comienza a desarrollarse en Puerto Rico como movimiento musical y cultural, inicialmente clandestino, con amplia circulación urbana a través de casetes y cedés piratas.
EJEMPLOS
- *Me siento como un bichote en **los 90** (EoO)*
- *Nosotro' nos criamo' escuchando y cantando esto En los caseríos, en los barrios desde **los 90** (EoO)*

los que se van

referencia cultural
Referencia a la creciente emigración de puertorriqueños, impulsada por la falta de oportunidades económicas, profesionales y de calidad de vida en la isla, que de 2005 a 2025 ha sumado más de un millón de personas.
EJEMPLOS
- *Otro sunset bonito que veo en San Juan Disfrutando de todas esas cosas que extrañan **los que se van** (DtMF)*

RELACIONADAS: *ojalá que los míos nunca se muden, otro más que se marchó*

low-key

Del inglés low-key
adjetivo/adverbio
De manera tranquila, discreta o disimulada, sin buscar o atraer mucha atención.
EJEMPLOS
- *Yo bajo pa tu barrio **low-key** en la Tacoma O si no, en la Lambo, en una movie cabrona (VeLDÁ)*

Lugia

nombre de personaje de ficción
Ave legendaria en la franquicia de dibujos animados japonesa Pokémon, conocido como el "guardián de los mares".
EJEMPLOS
- ***Lugia**, Ho-Oh Cabrón, yo soy legendario (LA MuDANZA)*

RELACIONADAS: *Ho-Oh*

mahón, mahones

sustantivo masculino
Pantalones vaqueros, *jeans.*
EJEMPLOS
- *Por poquito te rompo el* **mahón** *(PERFuMITO NUEVO)*

mai

De *mamá*
sustantivo femenino
Madre.
EJEMPLOS
- *La* **mai** *se pasa orando pa ver si se recoge Pero son las 11 y pa la calle coge, ey (KETU TeCRÉ)*

malcriá, malcriao

De *malcriada, malcriado*
sustantivo/adjetivo
Persona maleducada, grosera, caprichosa, dicho especialmente de niños.
EJEMPLOS
- *Anoche a las 2 te llamé y estás hecha una* **malcriá** *¿Qué carajo tú te crees? (KETU TeCRÉ)*

ma

De *mamá*
vocativo
Se usa para dirigirse a una mujer que se considera atractiva o una pareja.
EJEMPLOS
- *Eso es lo que tú quieres,* **ma** *(VeLDÁ)*
- *¿Que quién va a pagar hoy?* **Ma***, tú olvídate (VeLDÁ)*
- *Oh,* **ma***, yo quiero que tú seas mi loba (VeLDÁ)*
- *Pelinegra o blondie* **Ma***, tú eres la baby (KLOuFRENS)*

SINÓNIMOS: *baby²*, *bebé*, *mami*

mamar

verbo
Soez
Practicar el sexo oral, o estimular con la boca cualquier zona erógena.
EJEMPLOS
- *La nueva* **mama** *bien, pero no es tu boquita (BAILE INoLVIDABLE)*
- *Yo se la* **mamo** *y se pone contenta (EoO)*

SINÓNIMOS: *bajar¹*, *comer*

EL ABC DE

mami
De mamá
vocativo
Se usa para dirigirse a una mujer que se considera atractiva o una pareja.
EJEMPLOS
- *La otra ve' no te lo di*
  ***Mami**, sé que te lo debo (PERFuMITO NUEVO)*
- *Ey, pero ponte el traje 'e baño, **mami**,*
  que te vo'a buscar (WELTiTA)
- *Ey, tú eres una pícher, **mami**, pero*
  yo me crie en la loma (VeLDÁ)
- ***Mami**, ese no soy yo (EL CLúB)*
- ***Mami**, me dejaste hipnotizao, colonizao*
  (KLOuFRENS)
- *Aquí todavía se da caña*
  *Chequéate las babies, diablo, **mami**, qué dulce*
  (DtMF)

SINÓNIMOS: *baby², bebé, ma*

matá
De matada
sustantivo femenino
Caída aparatosa, de la que se sale algo lesionado.
darse una matá
EJEMPLOS
- *Ey, tengo el pecho pelao, me di una **matá** (DtMF)*

matcha
Del inglés matcha, y este del japonés matsu + cha
sustantivo masculino
Polvo hecho de hojas de té verde molidas, utilizado en bebidas cafeinadas y valorado por sus propiedades saludables.
EJEMPLOS
- *Por la noche bebiendo tequila, por el*
  *día, **matcha**, ey (KETU TeCRÉ)*

Maya
nombre de lugar
Abreviación de Mayagüez, municipio situado en el centro de la costa oeste de Puerto Rico.
EJEMPLOS
- *Vamo' a quedarnos por **Maya**, después*
  te llevo a París (WELTiTA)
- *Te iba a llevar pa **Maya** y no llegaste*
  ni a Arecibo (BOKeTE)

mensaje
Acortamiento de *mensaje de texto*, del inglés *text message*
sustantivo masculino
Escrito breve enviado electrónicamente de un dispositivo a otro.
EJEMPLOS
- *Ella quiere un **mensaje** que diga: "Ven" (VeLDÁ)*
- *Ni una llamada*
  *Ni un solo **mensaje** (PIToRRO DE COCO)*

meter mano
frase verbal
a. Dedicarse con empeño y afán a algo.
b. Tener relaciones sexuales.
EJEMPLOS
- *Bebé, a mí me dijeron que tú **metes mano** (VeLDÁ)*

SINÓNIMOS: *chingar, coger, darle, hacerlo, singar*

meterle
verbo
Dedicarse con intensidad, esfuerzo y empeño a una actividad para alcanzar un nivel alto de ejecución.
EJEMPLOS
- *Estás escuchando al que más **le mete***
  (VOY A LLeVARTE PA PR)
- ***Meterle** más que yo, ¿tú eres loco? (Na)*
  (LA MuDANZA)
- ***Le meto** con cojone' y con ovario' (LA MuDANZA)*

metérselo

frase verbal
Soez
Penetrar con el pene a alguien en una relación sexual.
EJEMPLOS
- Siento que yo te cambié
  Después que **te lo metí-í-í-í** (KETU TeCRÉ)
- En la disco, baby, **te lo meto**, baby
  Aquí mismo, baby, delante de tu baby (EoO)

SINÓNIMOS: ponérselo

Mets

nombre propio
Equipo de beisbol profesional con sede en el distrito de Queens, en la ciudad de Nueva York.
EJEMPLOS
- Con los Yankees y Los **Mets**, Juan Soto
  A correr, que otra vez la sacamo' el estadio (Ey) (NUEVAYoL)

Miami

nombre de lugar
Ciudad en la costa sureste del estado de Florida, en Estados Unidos, con una gran población hispana.
EJEMPLOS
- Yo la conocí en Miami, en **Brickell** (VOY A LLeVARTE PA PR)

mirar mal

frase verbal
Observar a alguien sugestivamente, con detenimiento e insinuación.
EJEMPLOS
- **Mírame mal** si quieres que te singue (VOY A LLeVARTE PA PR)

mirar pa'l lao

De *mirar para el lado*
frase verbal
Distraerse de una pareja prestando atención a otra persona.
EJEMPLOS
- Si tú estás, yo no **miro pa'l lao** (PERFuMITO NUEVO)
- Contigo yo no **miro pa'l lao** (PERFuMITO NUEVO)

Möet

marca comercial
Abreviación de Moët & Chandon, casa francesa productora de champanes finos.
EJEMPLOS
- A tirar chavo' en el club
  La hookah y la **Möet** (KETU TeCRÉ)

mojaíta

De *mojadita*, diminutivo de *mojada*
adjetivo
Lubricada naturalmente por excitación sexual.
EJEMPLOS
- Ey, pero ponte el traje 'e baño, mami,
  que te vo'a buscar
  Te dejo **mojaíta**, el sol te va a secar, sí (WELTiTA)

RELACIONADAS: mojarse

mojarse

verbo pronominal
Lubricarse naturalmente por excitación sexual.
EJEMPLOS
- Tú me tiene' a mí en la cuerda floja
  Woh-oh, si nos vamo' underwater, **te mojas** (VeLDÁ)

RELACIONADAS: mojaíta

EL ABC DE

molida
De molida
adjetivo
Dicho de una *pastilla*, triturada para ser aspirada por la nariz o mezclada con una bebida.
EJEMPLOS
- *Hoy la calle está prendida*
  *Hookah, pastilla **molida** (VOY A LLeVARTE PA PR)*

monte
Zona rural en el interior montañoso de la *isla*, alejada del entorno urbano.
EJEMPLOS
- *Están arriba en el **monte***
  Los códigos de verdad (CAFé CON RON)
- *En el **monte***
  Hoy se rompe (CAFé CON RON)
- *En el verde **monte** adentro*
  Aún se puede respirar (LO QUE LE PASÓ A HAWAii)

montársela
frase verbal
Molestar, fastidiar o burlarse de una persona de forma insistente.
EJEMPLOS
- *Los brother' **me la montan***
  Dicen que estoy en un viaje (PIToRRO DE COCO)

Morovis
Indigenismo
nombre de lugar
Municipio de Puerto Rico situado hacia el centro de la isla, en la vertiente norte de la cordillera Central.
EJEMPLOS
- *Ante' de irse pa Almirante donde se conocieron*
  *Vivieron en **Morovis***
  En donde hicieron al nene (LA MuDANZA)

movie
Del inglés movie, *'película'*
sustantivo femenino
Narrativa que hace de su vida una persona, que puede ser fantástica o fantasiosa.
EJEMPLOS
- *Yo bajo pa tu barrio low-key en la Tacoma*
  *O si no, en la Lambo, en una **movie** cabrona (VeLDÁ)*
- *Ya no estamo' pa las **movie**' y las cadenas*
  Estamos pa las cosas que valgan la pena (DtMF)

multiplatino
adjetivo
Recipiente de la certificación que indica que un álbum ha vendido más de dos millones de copias, emitida por la Recording Industry Association of America (RIAA).
EJEMPLOS
- *¿Quiénes son?*
  Los que comandan una nueva generación
  *La liga **multiplatino***
  Bad Bunny, Dei V, Omar Courtz (VeLDÁ)

nena
sustantivo femenino
Mujer que se considera atractiva, o pareja.
EJEMPLOS
- *La disco está llena y a la vez vacía*
  *Porque no está la **nena** mía (EL CLúB)*

SINÓNIMOS: *baby[1]*

no dejarse
frase verbal
No permitir abusos, darse a respetar.
EJEMPLOS
- *Otra jíbara luchando*
  *Una que **no se dejó***
  No quería irse tampoco
  Y en la isla se quedó (LO QUE LE PASÓ A HAWAii)

no sé si son petardos o si son tiros
referencia cultural
Comentario que se escucha con cierta regularidad en Puerto Rico, en referencia a las detonaciones frecuentes que generan confusión sobre si se trata de pirotecnia o de disparos.
EJEMPLOS
- *Yo veo tu nombre y me salen suspiros*
  ***No sé si son petardos o si son tiros** (DtMF)*

no te confundas
expresión
Se utiliza para advertirle a alguien que no malinterprete una situación o una intención, a menudo con tono autoritario.
EJEMPLOS
- *Eh, eh, **no te confundas***
  No, no, mejor evita, ey (NUEVAYoL)

nota
sustantivo femenino
Estado alterado producido por el consumo de drogas o alcohol.
EJEMPLOS
- *Con la **nota** en high por Washington Heights*
  (NUEVAYoL)

nude
Del inglés *nude*
sustantivo femenino
Foto de una persona desnuda, generalmente tomada y compartida con fines íntimos.
EJEMPLOS
- *Ojalá que los míos nunca se muden*
  *Y que tú me envíes más **nudes** (DtMF)*

EL ABC DE

NUEVAYoL

nombre propio
a. Título de una canción del disco *DeBÍ TiRAR MáS FOToS*, de Bad Bunny, de 2025.
b. Representación fonética de "Nueva York", con el cambio de "r" por "l" al final de sílaba o palabra, rasgo característico del español hablado en Puerto Rico.
EJEMPLOS
- *Un verano en Nueva York*
  *¡**Nuevayol**! (NUEVAYoL)*
VARIANTES: *Nueva York*

Nueva York

nombre de lugar
Ciudad situada en la punta sur del estado de Nueva York, destino de una significativa emigración puertorriqueña durante la primera mitad del siglo XX.
EJEMPLOS
- *Solo tienes que vivir*
  ¿Adónde?
  *Un verano en **Nueva York** (NUEVAYoL)*

obligao

De obligado
adverbio
Definitivamente, sin lugar a dudas.
EJEMPLOS
- *Pero **obligao** tú te acuerdas de mí*
  Si me ves por ahí (EoO)

ojalá que los míos nunca se muden

referencia cultural
Referencia a la creciente emigración de puertorriqueños, impulsada por la falta de oportunidades económicas, profesionales y de calidad de vida en la isla, que de 2005 a 2025 ha sumado más de un millón de personas.
EJEMPLOS
- *Debí darte más besos y abrazos las veces que pude*
  ***Ojalá que los míos nunca se muden** (DtMF)*
RELACIONADAS: *los que se van, otro más que se marchó*

ojitos chiquitos

referencia musical
Referencia a la canción "Ojitos chiquitos", del disco *King of Kings*, de 2006, del reguetonero puertorriqueño Don Omar, que alude a los efectos fisiológicos de haber fumado marihuana.
EJEMPLOS
- *Y no sé si es la yerba, pero tú tiene' los **ojos chiquito'** como si fuera Don (VeLDÁ)*

Omar Courtz

nombre propio
Nombre artístico de Joshua Omar Medina Cortés, cantante y compositor puertorriqueño de reguetón y trap, entre otros géneros.
EJEMPLOS
- *La liga multiplatino Bad Bunny, Dei V, **Omar Courtz** (VeLDÁ)*

SINÓNIMO: *Ousi*

Orlando

nombre de lugar
Ciudad en el centro del estado de Florida, Estados Unidos, con una numerosa y creciente comunidad de puertorriqueños emigrados.
EJEMPLOS
- *Se oye al jíbaro llorando Otro más que se marchó No quería irse pa **Orlando** Pero el corrupto lo echó (LO QUE LE PASÓ A HAWAii)*

otra cosa

Calco del inglés *something else*
frase sustantiva
Algo o alguien extraordinario. *ser otra cosa*
EJEMPLOS
- *Acho, PR es **otra cosa** (VOY A LLeVARTE PA PR)*

otro más que se marchó

referencia cultural
Referencia a la creciente emigración de puertorriqueños, impulsada por la falta de oportunidades económicas, profesionales y de calidad de vida en la isla, que de 2005 a 2025 ha sumado más de un millón de personas.
EJEMPLOS
- *Se oye al jíbaro llorando **Otro más que se marchó** (LO QUE LE PASÓ A HAWAii)*

RELACIONADAS: *los que se van, ojalá que los míos nunca se muden*

Ousi

nombre propio
Apodo de Omar Courtz, nombre artístico de Joshua Omar Medina Cortés.
EJEMPLOS
- *Baby, te habla **Ousi**, un placer conocerla (VeLDÁ)*
- *Dando vuelta' por la SanSe escuchando a Dei V y a **Ousi** (KLOuFRENS)*

SINÓNIMO: *Omar Courtz*

EL ABC DE DtMF

P FKN R
nombre de lugar
a. Título de una canción del disco *YHLQMDLG*, de Bad Bunny, de 2020.
b. Abreviatura de "P fucking R", referencia a Puerto Rico que captura por partes iguales las emociones de frustración y resistencia de muchos puertorriqueños con el país.
EJEMPLOS
- *Dile que esta es mi casa
  Donde nació mi abuelo
  Yo soy de **P FKN R** (LA MuDANZA)*

SINÓNIMOS: *archipiélago, Borinquén, isla, PR, Puerto Rico*

pa mí que
De *para mí que*
expresión
Se usa para expresar una suposición, sospecha o juicio personal, similar a "me parece que" o "en mi opinión".
EJEMPLOS
- *Pero ojalá que seas tú, ojalá que seas tú
  Pa mí que vas a ser tú (BOKeTE)*

pa que sepas
De *para que sepas*
expresión
a. Abreviación de la segunda parte de la frase "Yo soy boricua, pa que tú lo sepas", popularizada por la canción del mismo nombre del rapero puertorriqueño Joel "Taíno" Bosch, en 1995.
b. Se usa para afirmar algo de lo que el interlocutor debe estar enterado, a modo de advertencia o para expresar orgullo.
EJEMPLOS
- *Esto es PR, mami
  Aquí nací yo y el reggaetón, **pa que sepa'**
  (VOY A LLeVARTE PA PR)*
- *Millonario sin dejar de ser del barrio
  Pa que sepas (LA MuDANZA)*
- *Yo te vo'a decir algo **pa que sepas**
  En el monte
  Hoy se rompe (CAFé CON RON)*

pa'trás
De *para atrás*, calco del inglés *back*
adverbio
De vuelta, en respuesta, como contestación.
EJEMPLOS
- *Me diste follow y te di followback
  Me diste like y yo te di dos **pa'trás** (VeLDÁ)*

pa'trás, pa'trás, tan-tan, chulería
referencia musical
Verso de la canción "La barría" de Wisin & Yandel y Héctor el Father, del disco *Pa'l mundo: Deluxe Edition*, de 2005.
EJEMPLOS
- *Que viva la putería
  Dale **pa'trás, pa'trás, tan-tan, chulería**, ey
  (VOY A LLeVARTE PA PR)*

pai
De papá
sustantivo masculino
Padre.
EJEMPLOS
- *Guiando camiones como el **pai** y el abuelo
Aunque su sueño siempre fue ser ingeniero
(LA MuDANZA)*

panty
Del inglés panty
sustantivo masculino
Prenda interior femenina que cubre el área púbica y el trasero, braga.
EJEMPLOS
- *Ey, trajecito sin **panty** (-ty)
Escuchando viejeras de Plan B (KETU TeCRÉ)*
- *Ey, tráete a tu bestie
Que a la dos le' bajamos el **panty** (EoO)*

papi
De papá
vocativo
Se usa para dirigirse a un hombre que se considera atractivo o una pareja.
EJEMPLOS
- *La otra vez no te la vi
Papi, sé que te lo debo (PERFuMITO NUEVO)*
- ***Papi**, tú te ves bien a mi lao (PERFuMITO NUEVO)*

par
sustantivo masculino
Unos cuantos, unos pocos. par de
EJEMPLOS
- *Un día Toñito lo invitó pa hacer una mudanza
Pa buscarse alguito, **par** de peso' pa
algo alcanza (LA MuDANZA)*

parao
De parado
adjetivo
Dicho del pene, erecto.
EJEMPLOS
- *Me siento como un bichote en los 90
Lo tengo **parao**, ven pa que lo sienta' (EoO)*

París
nombre de lugar
Capital de Francia.
EJEMPLOS
- *Vamo' a quedarnos por Maya, después
te llevo a **París** (WELTiTA)*

partir
verbo intransitivo
Emigrar, en referencia a las diferentes oleadas de emigración de puertorriqueños a Estados Unidos.
EJEMPLOS
- *La menor de tres que se criaron con doña Juanita
Porque su papá y mamá **partieron**
estando chiquita (LA MuDANZA)*

pastilla
sustantivo femenino
Una de varias píldoras farmacológicas usadas ilícitamente para relajarse, mejorar el ánimo o tener experiencias alucinógenas.
EJEMPLOS
- *Hoy la calle está prendida
Hookah, **pastilla** molida (VOY A LLeVARTE PA PR)*
- *Las mujeres encima de mí
La hookah, las **pastilla**' y un blunt (EL CLúB)*

EL ABC DE

patá
De patada
sustantivo femenino
Sensación dolorosa y punzante, similar a un golpe dado con el pie.
EJEMPLOS
- *Ey, tengo el pecho pelao, me di una matá*
  El corazón dándome patá' (DtMF)

pelá, pelao
De pelada, pelado
adjetivo
Que ha perdido la capa superficial de la piel, generalmente por una caída brusca contra el asfalto u otra superficie áspera.
EJEMPLOS
- *Ey, tengo el pecho pelao, me di una matá*
  El corazón dándome patá' (DtMF)

pegarse
verbo pronominal
Acercarse mucho a una persona hasta tener contacto físico o casi tenerlo, especialmente con intención de coquetear o seducir.
EJEMPLOS
- *Hoy estoy pa ti*
  ¿Qué vas a hacer si me pego?
  (PERFuMITO NUEVO)
- *Dale, mami, pégate (Ahh) (EoO)*

perico
sustantivo masculino
Cocaína.
EJEMPLOS
- *El perico es blanco*
  Sí, sí, el tusi rosita (NUEVAYoL)
- *Mi blanquita, perico, mi kilo (DtMF)*
SINÓNIMOS: *blanquita*

perrear
verbo intransitivo
Bailar *perreo*, un estilo sensual y enérgico asociado al reguetón y otros géneros urbanos, caracterizado por movimientos provocativos de cadera y contacto corporal cercano, usualmente con una persona detrás de la otra, al son de un ritmo marcado.
EJEMPLOS
- *Vo'a llevarte pa PR*
  Mami, pa que veas cómo es que se perrea
  (VOY A LLeVARTE PA PR)
- *Mírame ahora, perreando, un experto*
  (VOY A LLeVARTE PA PR)
- *Voy cazando y muero perreando*
  (VOY A LLeVARTE PA PR)
- *Ahora te sueltas*
  Y sales pa la disco a perrear (KETU TeCRÉ)
RELACIONADAS: *perreo*

perreo
sustantivo masculino
Estilo de baile sensual y enérgico asociado al reguetón y otros géneros urbanos, caracterizado por movimientos provocativos de cadera y contacto corporal cercano, usualmente con una persona detrás de la otra, al son de un ritmo marcado.
EJEMPLOS
- *Perreo, baby (Sobeteo, baby)*
  Tra-tra, baby, hasta abajo, baby (EoO)
- *Siempre queremo' perreo, EoO*
  Tú y yo estamo envuelto' en el bellaqueo (EoO)
- *Estamos pa las cosas que valgan la pena*
  Ey, pa'l perreo, la salsa, la bomba y la plena (DtMF)
RELACIONADAS: *perrear*

Perreo Baby
nombre propio
Título de una canción de los reguetoneros puertorriqueños Héctor el Father y Tito el Bambino del disco *A la reconquista*, de 2002, de la cual se replican algunos versos en el coro de la canción "EoO", de Bad Bunny.
EJEMPLOS
- **Perreo, baby**, sobeteo, baby
  Tra-tra, baby, hasta abajo, baby
  En la disco, baby, yo te cojo, baby (EoO)

pesao
sustantivo masculino
Estilo musical, especialmente en el rap o reguetón, caracterizado por su fuerza y contundencia, con voces intensas y letras complejas que a veces transmiten agresividad.
EJEMPLOS
- De lao a lao, ping-pong
  flow **pesao**, Big Pun (NUEVAYoL)

peso
sustantivo masculino
Dólar estadounidense.
EJEMPLOS
- Un día Toñito lo invitó pa hacer una mudanza
  Pa buscarse alguito, par de **peso**' pa algo alcanza (LA MuDANZA)

pichaera
interjección
Expresa la decisión deliberada de no hacerle caso a algo, desentenderse de ello o no participar.
EJEMPLOS
- Pero yo creo que hoy sí que... acho, **pichaera**, que no me esperen (CAFé CON RON)
RELACIONADAS: pichar, pícher

pichar
verbo intransitivo
Hacerse de la vista larga, no responder, desentenderse de algo o no participar en ello.
EJEMPLOS
- Si me escribes pa pelear
  Sabes que vo'a **pichar** (KETU TeCRÉ)
- Toca seguir, **pichar** y olvidar (BOKeTE)
- Te pedí pa los Reye' y pa Santa Clau'
  Los Reyes **picharon** y Santa nunca llegó (PIToRRO DE COCO)
RELACIONADAS: pícher, pichaera

piquete
sustantivo masculino
Actitud de seguridad y orgullo visible en la vestimenta, el arreglo personal y el estilo general de una persona.
EJEMPLOS
- Tú tienes **piquete**, mami, y yo también (NUEVAYoL)

pisar
verbo transitivo
Montar un gallo a una gallina para aparearse.
EJEMPLOS
- Otra galla como tú todavía no he **pisao** (KLOuFRENS)

pícher
Del inglés pitcher
sustantivo/adjetivo
Persona que se da importancia o actúa con indiferencia ante quien le demuestra interés, ya sea por orgullo, juego o estrategia.
EJEMPLOS
- Ey, tú ere' una **pícher**, mami, pero yo me crie en la loma (VeLDÁ)
RELACIONADAS: pichar, pichaera

EL ABC DE

pitorro
sustantivo masculino
Ron de fabricación casera y clandestina, que puede ser curado con frutas, nueces u otros ingredientes, consumido especialmente durante la época navideña en Puerto Rico.
EJEMPLOS
- *Son las 12:04, y ya estoy bien loco*
  *Llorando y bebiendo **pitorro** de coco*
  (PIToRRO DE COCO)

SINÓNIMOS: *cañita*

Plan B
nombre propio
Dúo puertorriqueño de reguetón formado por los primos Chencho Corleone y Maldy, que estuvo activo de 1999 a 2018.
EJEMPLOS
- *Escuchando viejeras de **Plan B** (KETU TeCRÉ)*

player
Del inglés player
sustantivo/adjetivo
Persona que coquetea con muchas otras a la vez, haciéndolas sentir importantes, pero no se compromete con ninguna.
EJEMPLOS
- *Tú eres mala, tú lo hace' intencional*
  *Una **player** profesional (KLOuFRENS)*

plena
sustantivo femenino
Género musical autóctono de Puerto Rico que fusiona influencias españolas y africanas y se interpreta principalmente con instrumentos de percusión como el pandero, el güiro y la caja.
EJEMPLOS
- *Estamos pa las cosas que valgan la pena*
  *Ey, pa'l perreo, la salsa, la bomba y la **plena** (DtMF)*

pódcast
sustantivo masculino
Programa de conversación o entrevistas en formato digital que se escucha o se descarga por internet.
EJEMPLOS
- *Nunca me han visto en la calle ni en los*
  ***podcast** dando quejas (LA MuDANZA)*

Ponce
nombre de lugar
Municipio situado en el centro de la costa sur de Puerto Rico.
EJEMPLOS
- *De Arecibo hasta **Ponce***
  De Fajardo a Rincón (CAFé CON RON)

poner mal
frase verbal
Alterar o distraer por atracción o excitación sexual.
EJEMPLOS
- *Oh, oh, me quiere besar*
  *¡Ja! Yo que la **puse mal** (VOY A LLeVARTE PA PR)*

ponérselo
frase verbal
Soez 😈
Penetrar con el pene a alguien en una relación sexual.
EJEMPLOS
- *Sigue mirando así, sigue mirando así*
  *Sigue mirando, que **te lo pongo** aquí mismo, hmm*
  (PERFuMITO NUEVO)

SINÓNIMOS: *metérselo*

por un beso de la flaca yo daría lo que fuera

referencia musical
Verso de la canción "La flaca", del disco *La flaca*, de 1996, del grupo español Jarabe de Palo.

EJEMPLOS
- *Ey, y **por un beso de la flaca yo daría lo que fuera**
  Tú me dices si adentro o afuera
  Debajo del agua nadie se entera (WELTiTA)*

pozo

nombre de lugar
Referencia al pozo de Jacinto, una cueva abierta en la costa del municipio de Isabela, en el noroeste de Puerto Rico, famosa por el chorro de agua que brota cuando el mar golpea con fuerza; según la leyenda, Jacinto y su vaca cayeron por la apertura, y se dice que al gritar "¡Jacinto!", el mar responde con un potente chorro.

EJEMPLOS
- *Y en el **pozo** nos dimos la mano
  Y gritamos: "¡Jacinto!" (WELTiTA)*

RELACIONADAS: Jacinto

PR

nombre de lugar
Siglas de Puerto Rico.

EJEMPLOS
- *Un shot de cañita en casa de Toñita y **PR** se siente cerquita (NUEVAYoL)*
- *Acho, **PR** es otra cosa (VOY A LLeVARTE PA PR)*
- *Vo'a llevarte pa **PR**
  Mami, pa que veas cómo es que se perrea (VOY A LLeVARTE PA PR)*
- *Te vo'a llevar pa **PR** to'el finde
  Despué' de mí vas a borrar Tinder (VOY A LLeVARTE PA PR)*
- *Esto es **PR**, mami (VOY A LLeVARTE PA PR)*
- *Y aunque en **PR** todo el tiempo es verano
  Estoy pasando frío escuchando estas canciones (BOKeTE)*
- *Tú ere' un boquete en **PR**, por eso es que te esquivo (BOKeTE)*
- *Yo estoy en **PR**, tranquilo
  Pero...
  Debí tirar más fotos de cuando te tuve (DtMF)*
- *Yo no canto reggae, pero soy cultura
  De Borinquén, **PR**, archipiélago perfecto (LA MuDANZA)*

SINÓNIMOS: archipiélago, Borinquén, isla, P FKN R, Puerto Rico

prendan las máquinas

Calco del inglés start your engines
expresión
Anuncia el inicio de la acción principal o de algo emocionante, especialmente en un contexto de deportes, música o fiestas.

EJEMPLOS
- *Que **prendan las máquinas**, voy pa Santurce (DtMF)*

EL ABC DE

prender
verbo intransitivo
Fumar marihuana.
EJEMPLOS
- *Si cuando estoy solo y prendo lo que hago es pensarte (KLOuFRENS)*

SINÓNIMOS: *fumar, quemar*

prendida, prendido
adjetivo
Dicho de un lugar o evento, lleno de gente y con mucha actividad y energía.
EJEMPLOS
- *Hoy la calle está **prendida** Hookah, pastilla molida (VOY A LLeVARTE PA PR)*

Puerto Rico
nombre propio
Nación isleña hispanohablante en el mar Caribe, parte de las Antillas, territorio no incorporado de Estados Unidos desde 1898, compuesta por 78 municipios en tres islas habitadas —Puerto Rico, Vieques y Culebra—, con una población de 3.2 millones en las islas, y más de 5 millones en la diáspora en 2025.

SINÓNIMOS: *archipiélago, Borinquén, isla, P FKN R, PR*

puñeta
interjección
Soez 😶
Expresa una emoción intensa que puede ir de la rabia a la euforia, y se usa frecuentemente como forma de desahogo o de reivindicación personal o colectiva.
EJEMPLOS
- *Mira, **puñeta**, no me quiten el pe- (EoO)*

putería
sustantivo femenino
Soez 😶
Actitud o conducta desinhibida y coqueta que expresa deseo o excitación sexual.
EJEMPLOS
- *Que viva la **putería** Dale pa'trás, pa'trás, tan-tan, chulería, ey (VOY A LLeVARTE PA PR)*

qué cojones

expresión
Soez
Se usa para expresar asombro, molestia o incredulidad ante una exigencia de alguien considerada excesiva o una situación percibida como abusiva.

EJEMPLOS
- *Ey, ¿**qué cojone**'?*
  ¿Qué tú tiene' que me pone' en musa?
  (PERFuMITO NUEVO)

¿qué fue?

expresión
Pregunta equivalente a "¿qué pasó?", que se puede usar para desafiar, retar o provocar.

EJEMPLOS
- *Aquí mataron gente por sacar la bandera*
  Por eso es que ahora yo la llevo donde quiera
  *Cabrón, ¿**qué fue?** (LA MuDANZA)*

¿qué tú te crees?

expresión
Pregunta usada para confrontar a alguien que actúa con arrogancia o con un sentido de autoridad o superioridad que no se considera justificado.

EJEMPLOS
- *Anoche a las 2 te llamé y estás hecha una malcriá*
  *¿**Qué** carajo **tú te crees?** (KETU TeCRÉ)*

quemar

verbo intransitivo
Fumar marihuana.

EJEMPLOS
- *Yo estoy bebiendo y también **quemé** (VeLDÁ)*

SINÓNIMOS: *fumar, prender*

quieren quitarme el río...

referencia cultural
Referencia al proceso de desplazamiento de puertorriqueños, gentrificación de áreas urbanas, compraventa de tierras de valor ecológico y privatización del acceso a las playas en Puerto Rico, especialmente a partir de la llegada de estadounidenses con alto poder adquisitivo en 2012.

EJEMPLOS
- ***Quieren quitarme el río***
  Y también la playa
  Quieren el barrio mío
  Y que abuelita se vaya (LO QUE LE PASÓ A HAWAii)

RELACIONADAS: *de aquí nadie me saca...*

quitarse

verbo pronominal
Desistir, dejar o abandonar algo, rendirse.

EJEMPLOS
- *En la disco, baby, vamo' a darle, baby*
  *Hasta abajo, baby, no **te quites**, baby (EoO)*

EL ABC DE

real
Calco del inglés *real*
adjetivo
Que se comporta o presenta de una manera auténtica, sincera y familiar, sin pretensiones ni afectación.
EJEMPLOS
- *Vas a mirar pa'trás y te vas a arrepentir*
  De que lo más **real** *que has tenido en tu vida*
  Lo dejaste ir (BOKeTE)

recogerse
verbo pronominal
Acogerse a un estilo de vida tranquilo y hogareño, especialmente después de una etapa agitada.
EJEMPLOS
- *La mai se pasa orando pa ver si* **se recoge**
  Pero son las 11 y pa la calle coge, ey (KETU TeCRÉ)

reggaetón
Del inglés jamaiquino *reggae* + *-ón*
Reguetón, género musical urbano que fusiona *reggae*, *hip hop* y ritmos afrocaribeños con letras en español, un ritmo marcado y un estilo de baile sensual y enérgico, que se consolidó en Puerto Rico en la década de 1990.
EJEMPLOS
- *¿Cómo Bad Bunny va a ser rey del pop*
  Ey, con **reggaetón** *y dembow? (NUEVAYoL)*
- *Esto es PR, mami*
  Aquí nací yo y el **reggaetón**, *pa que sepas*
  (VOY A LLeVARTE PA PR)

Reyes
referencia cultural
Los Reyes Magos de Oriente, tres sabios que según la tradición cristiana visitaron al niño Jesús tras su nacimiento, y durante cuya festividad, celebrada el 5 y 6 de enero como cierre de la Navidad, los niños reciben regalos.
EJEMPLOS
- *Te pedí pa los* **Reyes** *y pa Santa Claus*
  Los **Reyes** *picharon y Santa nunca llegó*
  (PITORRO DE COCO)

Rincón
nombre de lugar
Municipio en el centro-norte de la costa oeste de Puerto Rico, conocido por sus playas de *surfing*.
EJEMPLOS
- *De Arecibo hasta Ponce*
  De Fajardo a **Rincón** *(CAFé CON RON)*

risco
sustantivo masculino
Barranco, despeñadero o precipicio, a menudo al borde de las carreteras rurales en la zona montañosa.
EJEMPLOS
- Ten cuidao
  ¡Uy!
  Cuando te toque bajar
  Que no te vayas por el **risco**
  Y te tengamos que buscar *(CAFé CON RON)*

Rollie
marca comercial
Referencia a Rolex, marca suiza de relojes de lujo y otros accesorios exclusivos.
EJEMPLOS
- Una muñeca buscando un *AP*
  Si no, un **Rollie**, si no, un *Carti (KETU TeCRÉ)*

romper
verbo transitivo
Destacarse o triunfar al cantar, festejar o realizar cualquier actividad, por la calidad, intensidad y entrega con que se lleva a cabo.
EJEMPLOS
- En el monte
  Hoy se **rompe** *(CAFé CON RON)*
- **Rompiendo** la calle desde los twenty *(EoO)*
- **Rompe** la calle siempre que sale *(EoO)*
- Un aplauso pa mami y papi porque en verdad **rompieron** *(LA MuDANZA)*

roncar
verbo intransitivo
Presumir, alardear o demostrar superioridad con actitud desafiante o provocadora.
EJEMPLOS
- No me **ronquen**, cabrones, que acá no los veo *(EoO)*
- Y yo no tengo que **roncar**, ustedes saben ya *(EoO)*

RELACIONADAS: *frontear*

Rosalía
nombre propio
Nombre artístico de Rosalía Vila Tobella, cantante, compositora y productora discográfica española de reguetón y otros géneros.
EJEMPLOS
- Yo no pierdo tiempo, yo las cambio como **Rosalía**
  La que me mira a los ojos por cinco segundo,
  ya yo sé que es mía *(VOY A LLeVARTE PA PR)*

rulay
adjetivo/adverbio
(Propio de la República Dominicana, no usual en Puerto Rico).
Con ánimo de disfrutar, divertirse y pasarla bien, ya sea de forma relajada o festiva, generalmente en un ambiente social y a veces bajo el efecto de alcohol o drogas.
EJEMPLOS
- 4 de julio, Fourth of July
  Ando con mi prima, borracho **rulay** *(NUEVAYoL)*

VARIANTES: *ruly*

EL ABC DE

ruly

adjetivo/adverbio
(Propio de la República Dominicana, no usual en Puerto Rico).
Con ánimo de disfrutar, divertirse y pasarla bien, ya sea de forma relajada o festiva, generalmente en un ambiente social y a veces bajo el efecto de alcohol o drogas.
EJEMPLOS
- *Si me escribe' pa pelear*
  Sabes que vo'a pichar
  *Sigue **ruly** Tokischa, eh-eh, ey (KETU TeCRÉ)*

VARIANTES: *rulay*

rumba

Africanismo
sustantivo femenino
a. Género musical y baile afrocaribeño.
b. Se usa como interjección para presentar un interludio musical.
EJEMPLOS
- *¡**Rumba**!*
  Ey, ey (PIToRRO DE COCO)
- *Ea, diablo*
  *¡**Rumba**! (LA MuDANZA)*

rusa

sustantivo femenino
Práctica sexual en la que el pene se frota entre los senos de una mujer.
EJEMPLOS
- *De weekend en Coamo*
  *En la montaña te vo'a hacer la **rusa***
  (PERFuMITO NUEVO)

sacarla del estadio

Calco del inglés to knock it out of the park
frase verbal
Lograr algo extraordinario o tener un gran éxito, en referencia a batear un jonrón en el beisbol.
EJEMPLOS
- *Con los Yankees y los Mets, Juan Soto*
  *A correr, que otra vez **la sacamo'el estadio***
  (NUEVAYoL)

salsa

sustantivo femenino
Género musical bailable, resultado de la síntesis de ritmos puertorriqueños, cubanos y afroamericanos, que usa instrumentos como la clave, el timbal, la trompeta y el piano.
EJEMPLOS
- *Estamos pa las cosas que valgan la pena*
  *Ey, pa'l perreo, la **salsa**, la bomba y la plena (DtMF)*

Samurai
marca comercial
Vehículo todoterreno compacto de la marca japonesa Suzuki, producido de 1985 a 1995, con capacidad para transitar terrenos difíciles y asociado con la aventura en exteriores.
EJEMPLOS
- *El **Samurai** está en brillo y el combo va a chinchorrear (CAFé CON RON)*

San Juan
nombre de lugar
a. Ciudad capital de Puerto Rico, ubicada en el centro-este de la costa norte de la isla.
b. El Viejo San Juan, el casco antiguo de la ciudad.
EJEMPLOS
- *Otro sunset bonito que veo en **San Juan** Disfrutando de todas esas cosas que extrañan los que se van (DtMF)*

SanSe
nombre de lugar
a. Acortamiento de San Sebastián, nombre de una calle emblemática del Viejo San Juan.
b. Referencia a las Fiestas de la Calle San Sebastián, una celebración cultural multitudinaria que se lleva a cabo cada enero en el Viejo San Juan, caracterizada por música en vivo, comparsas, artesanías y otras expresiones de la tradición puertorriqueña.
EJEMPLOS
- *Dando vuelta' por la **SanSe** escuchando a Dei V y a Ousi (KLOuFRENS)*

Santa (Claus)
referencia cultural
Papá Noel o San Nicolás, personaje basado en tradiciones europeas, que reparte regalos a los niños la noche del 24 y el día 25 de diciembre, durante la celebración de la Navidad.
EJEMPLOS
- *Te pedí pa los Reyes y pa **Santa Claus** Los Reyes picharon y Santa nunca llegó (PITORRO DE COCO)*

Santurce
nombre de lugar
Barrio de San Juan, antes llamado San Mateo de Cangrejos, conocido por su herencia afrocaribeña, su rol en el desarrollo de la capital y su reciente revitalización económica y artística, que ha incluido procesos de gentrificación y desplazamiento.
EJEMPLOS
- *Que prendan las máquinas, voy pa **Santurce** (DtMF)*

screen
Del inglés screen
sustantivo masculino
Malla metálica que se coloca en ventanas o puertas para evitar que entren los mosquitos, muy común en las casas en Puerto Rico.
EJEMPLOS
- *Hay mucho mosquito en la costa Baby, vo'a ponerle un **screen** (WELTiTA)*

seguirla, seguirlo
frase verbal
Irse de un lugar o de una situación, continuar con su camino sin mirar atrás.
EJEMPLOS
- *Te olvidaste de mí **Lo seguiste** normal, normal (KETU TeCRÉ)*

EL ABC DE **DtMF**

Shorty
nombre propio
Canción de reguetón grabada en 2007 por la Casa de Leones, a la que pertenecía el dúo puertorriqueño *Jowell & Randy*.
EJEMPLOS
- *Escuchando viejeras de Plan B
Hey, "**Shorty**" de Jowell y Randy (KETU TeCRÉ)*

shot
Del inglés *shot*
sustantivo masculino
Cantidad pequeña de licor que generalmente se bebe de un trago.
EJEMPLOS
- *Un **shot** de cañita en casa de Toñita y
PR se siente cerquita (NUEVAYoL)*

si se da, se da
expresión
Expresa aceptación ante la incertidumbre y el entendimiento de que, si algo está destinado a suceder, sucederá, y si no, no.
EJEMPLOS
- *Yo no sé, mi amor, lo que la vida tendrá
Pa ti y pa mí, **si se da**, pues **se da** (TURiSTA)*

silla
sustantivo femenino
Se refiere a la silla de playa, un objeto muy utilizado por quienes pasan el día en la playa.
EJEMPLOS
- *Quiero dibujar corazoncitos en la orilla
Tranquila, mami, yo te cargo la **silla** (WELTiTA)*

singar
verbo transitivo
Soez 😳
Tener relaciones sexuales.
EJEMPLOS
- *Mírame mal si quieres que te **singue**
(VOY A LLeVARTE PA PR)*
SINÓNIMOS: *chingar, coger, darle, hacerlo, meter mano*

single
Del inglés *single*
adjetivo
Soltero, sin compromiso romántico estable.
EJEMPLOS
- *Aprovecha, que estoy soltero, **single**
Mírame mal si quieres que te singue
(VOY A LLeVARTE PA PR)*

Snapchat
marca comercial
Aplicación de mensajería instantánea, conocida porque las imágenes y mensajes desaparecen después de un tiempo determinado, típicamente 24 horas.
EJEMPLOS
- *Si va' a enseñarme ese culo, que sea en persona
Yo no tengo **Snapchat** (KETU TeCRÉ)*

so
Del inglés *so*
conjunción
Así que, por lo tanto, de manera que.
EJEMPLOS
- *Yo me he enamorao 515 veces, y contigo son 516
So eso no es na nuevo (BOKeTE)*

sobeteo
sustantivo masculino
Contacto físico insistente y poco pudoroso, generalmente entre enamorados o parejas de baile, a menudo en espacios públicos.
EJEMPLOS
- *Perreo, baby (**Sobeteo**, baby)*
  Tra-tra, baby (Hasta abajo, baby) (EoO)

soltarse
verbo pronominal
Relajarse, perder las inhibiciones y entrar en ánimo festivo.
EJEMPLOS
- *Baby, tú **te sueltas** con el tequi y limón (VeLDÁ)*
- *Ahora **te sueltas**
  Y sales pa la disco a perrear (KETU TeCRÉ)*

RELACIONADAS: *suelta, suelto*

stalkear
Del inglés *to stalk*
verbo transitivo
Espiar o buscar con curiosidad insistente información sobre una persona y sus movimientos, especialmente a través de las redes sociales.
EJEMPLOS
- *Me paso **stalkeándote** pa ver qué haces (KLOuFRENS)*

sticker
Del inglés *sticker*
sustantivo masculino
Imagen pequeña y llamativa, estática o con breve animación, que se usa en comunicaciones electrónicas, especialmente en la aplicación de mensajería WhatsApp.
EJEMPLOS
- *No tengo **stickers** nuevos, mami, porque ya tú no me los envías (KLOuFRENS)*

story
Del inglés *story*
sustantivo femenino
"Historia", publicación temporera de fotos o videos en algunas redes sociales, que típicamente desaparece en 24 horas.
EJEMPLOS
- *Mami, te lo doy ahora y después también
  Subió una **story** cerca, estoy que le llego a pie, eh (VeLDÁ)*
- *Subiendo **stories**, twerkeando como Cardi (KETU TeCRÉ)*

subir
verbo transitivo
Publicar o colgar fotos, videos u otra información en las redes sociales.
EJEMPLOS
- ***Subió** una story cerca, estoy que le llego a pie, eh (VeLDÁ)*
- ***Subiendo** stories, twerkeando como Cardi (KETU TeCRÉ)*

suelta, suelto
adjetivo
Libre y desinhibido en la forma de actuar.
estar suelto
EJEMPLOS
- *Y estoy **suelto**, mami, estoy suelto (VOY A LLeVARTE PA PR)*
- *Pero yo tengo mi nena
  La que no suelto, pero tú estás **suelta** (VeLDÁ)*

RELACIONADAS: *soltarse*

sunset
Del inglés *sunset*
sustantivo masculino
Atardecer.
EJEMPLOS
- *Otro **sunset** bonito que veo en San Juan
  Disfrutando de todas esas cosas que extrañan los que se van (DtMF)*

EL ABC DE

Tacoma
marca comercial
Modelo de camioneta fabricado por la compañía japonesa Toyota.
EJEMPLOS
- *Yo bajo pa tu barrio low-key en la **Tacoma**
  O si no, en la Lambo, en una movie cabrona
  (VeLDÁ)*

Tainy
nombre propio
Nombre artístico de Marcos Masís Fernández, productor, compositor e ingeniero de sonido puertorriqueño de reguetón.
EJEMPLOS
- *Y ando con el mejor de to' los tiempo, **Tainy**
  Y yo no tengo que roncar, ustedes saben ya (EoO)*

te la debo, te lo debo
expresión
Se utiliza para reconocer que no se ha cumplido con algo o que queda un compromiso pendiente por saldar.
EJEMPLOS
- *Dime ya cuándo voy a probar tu perfumito nuevo
  La otra vez no te lo di
  Papi, sé que **te lo debo** (PERFuMITO NUEVO)*
- *¿Cuándo voy a probar tu perfumito nuevo?
  La otra vez no te lo di
  Mami, sé que **te lo debo** (PERFuMITO NUEVO)*

tequi
Acortamiento de *tequila*
sustantivo masculino
Tequila.
EJEMPLOS
- *Le pasé la lengua como sellando el blon
  Baby, tú te sueltas con el **tequi** y limón (VeLDÁ)*

The best in the world...
referencia cultural
El parlamento "The best in the world. Number one, the best in the world, okay? Puerto Rico" se atribuye al boxeador puertorriqueño Félix "*Tito*" Trinidad, tras su victoria sobre Óscar De La Hoya en 1999 para el título mundial en el peso wélter.
EJEMPLOS
- ***The best in the world**
  Number one, the best in the world, ok?
  Puerto Rico (NUEVAYoL)*

ticket
Del inglés *ticket*
sustantivo masculino
Dinero.
EJEMPLOS
- *Ella sabe que aquí hay **ticket**
Quiere que yo se la aplique*
(VOY A LLeVARTE PA PR)

Tinder
marca comercial
Aplicación electrónica para concertar citas románticas, en la que ambas personas tienen que establecer que se gustan para poder comunicarse.
EJEMPLOS
- *Después de mí va' a borrar **Tinder***
(VOY A LLeVARTE PA PR)

tirar
verbo intransitivo
Escribir a alguien por mensaje de texto o redes sociales.
EJEMPLOS
- *Clase de loquera, y hoy me están **tirando** de nuevo pa bajar p'allá* (CAFé CON RON)

tirar (chavos)
frase verbal
Gastar dinero de forma extravagante o sin preocupación, especialmente en fiestas, clubes u ocasiones sociales.
EJEMPLOS
- *Yo fui el que te enseñé
A aplicarla como es
A frontear como es
A **tirar chavo**' en el club,
la hookah y la Moët* (KETU TeCRÉ)

RELACIONADAS: *chavos*

tirar foto(s)
frase verbal
Tomar una foto, hacer una foto.
EJEMPLOS
- *Y **tirarte las fotos** que no te tiré
(Acho, jurao te ves bien linda, déjame **tirarte una foto**)* (DtMF)
- *Debí **tirar más fotos** de cuando te tuve* (DtMF)

Tito
nombre propio
Félix "Tito" Trinidad, exboxeador profesional puertorriqueño que fue campeón mundial en tres categorías de peso y en varias ligas.
EJEMPLOS
- *A mí me quieren como a **Tito** y soy serio como Cotto* (LA MuDANZA)

Tokischa
nombre propio
Nombre artístico de Tokischa Altagracia Peralta, cantante urbana dominicana, conocida por sus contenidos sexualmente explícitos y posturas desafiantes.
EJEMPLOS
- *Sigue ruly **Tokischa**, eh-eh, ey* (KETU TeCRÉ)

Toñita
nombre propio
Apodo de María Antonia Cay, dueña del Caribbean Social Club, bar de temática puertorriqueña en Brooklyn, Nueva York, con más de 50 años de historia y referente cultural de la vida nuyorican.
EJEMPLOS
- *Un shot de cañita en casa de **Toñita** y PR se siente cerquita* (NUEVAYoL)

EL ABC DE

torque

Del inglés *torque*
sustantivo masculino
a. Fuerza que produce una rotación, una torsión o un giro.
b. Empuje, influencia o energía que impulsa o mueve algo.
EJEMPLOS
- *En el monte
  Hoy se rompe
  Suban p'acá
  Pa que sientan el **torque** (CAFé CON RON)*

totito

Diminutivo de *toto*
sustantivo masculino
Soez 😷
Vulva.
EJEMPLOS
- *Ese **totito** era bello, precioso, cute (KLOuFRENS)*

tra-tra

onomatopeya
Se usa en el reguetón para imitar el golpe rítmico de la música o el movimiento del cuerpo, especialmente durante el *perreo*.
EJEMPLOS
- ***Tra-tra**, baby, hasta abajo, baby (EoO)*
- *Perreo, baby, **tra-tra**, baby
  En la disco, baby, vamo' a darle, baby (EoO)*

trancar

verbo transitivo
Provocar que no quede ninguna jugada posible en el juego del dominó.
EJEMPLOS
- *Con el doble seis y doble cinco me **trancaste** el juego (PITORRO DE COCO)*

tranquila, tranquilo

adjetivo
Que tiende a quedarse en casa y no sale de fiesta, que no busca bullas o problemas.
EJEMPLOS
- *Yo me iba a quedar **tranquilo**, pero...
  Si quieres vacilar
  Sube tú pa la montaña (CAFé CON RON)*
- *Yo estoy en PR, **tranquilo**
  Pero
  Debí tirar más fotos de cuando te tuve (DtMF)*

¿tú eres loca?, ¿tú eres loco?

expresión
Se usa para expresar desaprobación o refutación de lo dicho, o incredulidad total ante algo.
EJEMPLOS
- *Meterle más que yo, **¿tú eres loco?** (Na)
  Cabrón, **¿tú eres loco?** (LA MuDANZA)*

turista

sustantivo/adjetivo
Persona que vive una experiencia de modo superficial o pasajero, sin intención de involucrarse o comprenderla en profundidad.
estar de turista
EJEMPLOS
- *En mi vida fuiste **turista**
  Tú solo viste lo mejor de mí
  Y no lo que yo sufría (TURiSTA)*

tú sabes

expresión
Se usa para expresar que algo está sobreentendido entre los hablantes o para buscar la complicidad, comprensión o asentimiento del oyente.
EJEMPLOS
- *Bad Bunny, Dei V, Omar Courtz
  Tú sabes, los ídolos tuyos (VeLDÁ)*

tusi

Del inglés *tusi*
sustantivo masculino
Droga recreativa hecha con componentes psicoactivos variables, también conocida como "cocaína rosada".
EJEMPLOS
- *El perico es blanco*
  *Sí, sí, el **tusi** rosita (NUEVAYoL)*

twenty

Del inglés *twenty*
sustantivo/adjetivo
Veinte, en referencia a la edad.
EJEMPLOS
- *Rompiendo la calle desde los **twenty** (EoO)*

twerk

Del inglés *to twerk*
verbo intransitivo
Bailar de forma sugestiva realizando movimientos rápidos y rítmicos de cadera y agitando las nalgas mientras se flexionan las rodillas.
EJEMPLOS
- *Subiendo stories, **twerkeando** como Cardi (KETU TeCRÉ)*

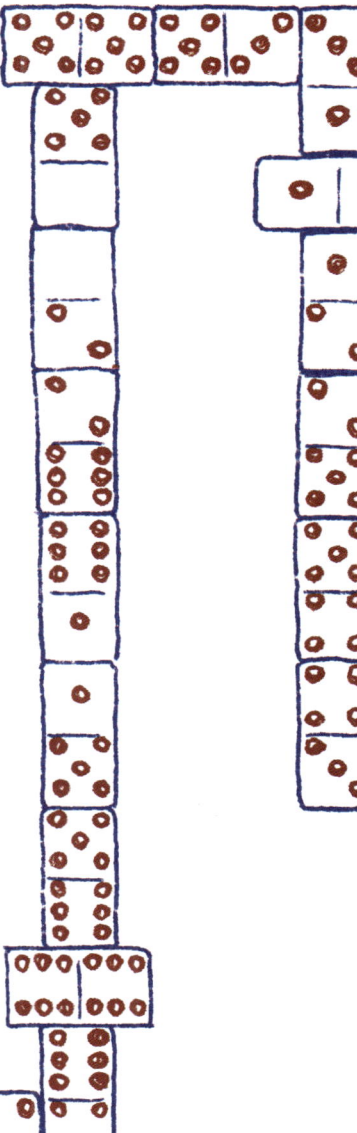
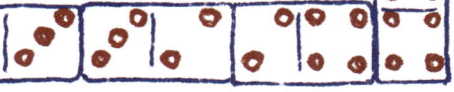

Un verano en Nueva York

referencia musical
Canción de la banda El Gran Combo de Puerto Rico, de 1975, interpretada por Andy Montañez, que contiene la primera estrofa de la canción "NUEVAYoL", de Bad Bunny.
EJEMPLOS
- *Si te quieres divertir*
  Con encanto y con primor
  Solo tienes que vivir
  ¿Adónde?
  Un verano en Nueva York *(NUEVAYoL)*

Underwater

Del inglés *underwater*, 'bajo el agua'
marca comercial
Compañía del reguetonero *Dei V*, que hace referencia a su filosofía profesional de mantenerse fuera del ojo público.
EJEMPLOS
- *Dei V,* ***Underwater*** *(VeLDÁ)*

underwater

Del inglés *underwater*, 'bajo el agua'
adjetivo/adverbio
a. Clandestino.
b. Referencia al sexo oral.
EJEMPLOS
- *Woh-oh, si nos vamo'* ***underwater****, te mojas*
  Yo te vo'a comer como una luz roja (VeLDÁ)

vacilar
verbo intransitivo
Divertirse, entretenerse, bromear.
EJEMPLOS
- *Si quieres **vacilar**
  Sube tú pa la montaña (CAFé CON RON)*
- *Llorando y bebiendo pitorro de coco
  Que me trajo abuelo pa que **vacilara**
  (PIToRRO DE COCO)*

valer verga
frase verbal
(Propio de México y algunos países de Centro y Suramérica, no usual en Puerto Rico).
Soez 🤬
No importar en lo absoluto algo, no tener ningún interés.
EJEMPLOS
- *A mí me importa un bicho lo que a
  ti te **vale verga** (LA MuDANZA)*

SINÓNIMO: *importar un bicho*

vamos a ver si es verdad
expresión
Se usa para comprobar si algo es realmente lo que parece, o si alguien puede respaldar con hechos lo que dice o promete.
EJEMPLOS
- *Esto es lo que estabas buscando
  Un mensaje bellaqueando,
  vamo' a ver si es veldá, eh (VeLDÁ)*
- *Vámono' donde no se note
  Que cuando yo te azote
  Vamo' a ver si es veldá (VeLDÁ)*

vamos allá
expresión
Se usa para transmitir energía, ánimo y entusiasmo, especialmente para comenzar una acción.
EJEMPLOS
- *Aprieta, chamaquito, aprieta
  ¡Ahí, ahí, ahí, **vamo' allá**! (BAILE INoLVIDABLE)*

VeLDÁ
De verdad
nombre propio
a. Título de una canción del disco *DeBÍ TiRAR MáS FOToS*, de Bad Bunny, de 2025.
b. Representación fonética de "verdad", con el cambio de "r" por "l" al final de sílaba o palabra, rasgo característico del español hablado en Puerto Rico, y elisión de la "d" final.
EJEMPLOS
- *Esto es lo que estabas buscando
  Un mensaje bellaqueando,
  vamo' a ver si es **veldá**, eh, (VeLDÁ)*
- *Vámono' donde no se note
  Que cuando yo te azote
  Vamo' a ver si es **veldá** (VeLDÁ)*

EL ABC DE

ven subiendo
frase verbal
Referencia a los versos "voy subiendo, voy bajando, tú vives como yo vivo, yo vivo vacilando", de la plena "Mañana por la mañana", compuesta por Gary Núñez, del grupo Plena Libre, muy popular durante las Fiestas de la Calle San Sebastián o la *SanSe*.
EJEMPLOS
- **Ven subiendo**
  Ven subiendo
  Que no le vamo' a bajar (CAFé CON RON)

venirse
verbo pronominal
Tener un orgasmo, experimentar la culminación del placer en un acto sexual.
EJEMPLOS
- Porque no está la nena mía
  Con la que yo siempre me reía
  Con la que yo siempre **me venía** (EL CLúB)

viaje
Calco del inglés *trip*
sustantivo masculino
a. Experiencia alucinógena por haber consumido alguna droga.
b. Desconexión, ensimismamiento o distracción de la realidad inmediata.
c. Absorción u obsesión con un tema o interés.
EJEMPLOS
- Quédate en tu **viaje**, que cuando aterrice' nadie va a aplaudir (BOKeTE)
- Los brother' me la montan
  Dicen que estoy en un **viaje** (PIToRRO DE COCO)

viejera
sustantivo femenino
Algo antiguo y pasado de moda.
EJEMPLOS
- Ey, trajecito sin panty
  Escuchando **viejeras** de Plan B (KETU TeCRÉ)

voy cazando y muero perreando
referencia musical
Referencia a la canción "Cazando voy", de 2002, del dúo de reguetoneros puertorriqueños Ángel & Khriz, que incluye las frases "cazando voy" y "moriré perreando".
EJEMPLOS
- **Voy cazando y muero perreando**
  (VOY A LLeVARTE PA PR)
RELACIONADAS: *cazar*

voy pa la carretera
referencia musical
Referencia a la canción "Vamos pa la calle", del ex reguetonero puertorriqueño Héctor el Father, del disco *Los anormales*, de 2004.
EJEMPLOS:
- Hoy **voy pa la carretera**
  Con to' mis anormales (CAFé CON RON)

vuelta
sustantivo femenino
Paseo relajado en automóvil, generalmente sin rumbo fijo, para distraerse o disfrutar de un recorrido por zonas de interés o con algún atractivo especial. *dar una vuelta* o *vueltita*
EJEMPLOS
- Baby, te vo'a dar una **vuelta** por la playita (WELTiTA)

Washington Heights

nombre de lugar
Barrio en el norte de Manhattan, en la ciudad de Nueva York, con una población significativa de dominicanos.
EJEMPLOS
- *Con la nota en high por **Washington Heights**
(NUEVAYoL)*

weekend

Del inglés *weekend*
sustantivo masculino
Fin de semana.
EJEMPLOS
- *De **weekend** en Coamo
En la montaña te vo'a hacer la rusa
(PERFuMITO NUEVO)*

SINÓNIMOS: *finde*

Weltita

nombre propio
a. Título de una canción del disco *DeBÍ TiRAR MáS FOToS*, de Bad Bunny, de 2025.
b. Representación fonética de una pronunciación relajada de "vueltita", diminutivo de *vuelta*.

wheeleá

De *wheeleada*, del inglés *wheelie*
adjetivo
Con los ánimos exaltados, en actitud de llamar la atención o exhibirse, en referencia al *wheelie* o maniobra de levantar la rueda delantera de una motora o vehículo similar para rodar solo sobre la trasera.
EJEMPLOS
- *Yo se la mamo y se pone contenta
Está **wheeleá** y ya cumplió los 30 (EoO)*

Willie Colón

nombre propio
Músico puertorriqueño pionero de la salsa en la ciudad de Nueva York, cuyo álbum debut se tituló *El Malo* y fue lanzado en 1967 por Fania Records.
EJEMPLOS
- ***Willie Colón**, me dicen "el malo", ey
Porque pasan los años y sigo dando palo'
(NUEVAYoL)*

wow

Del inglés *wow*
interjección
Se usa para expresar admiración o entusiasmo.
EJEMPLOS
- *Tus amigas y to'el corillo están bien ricas
Pero ese culo tuyo, ¡**wow**!, sobresalía
(VOY A LLeVARTE PA PR)*

Yankees
nombre propio
Equipo de beisbol profesional con sede en el distrito de El Bronx, en la ciudad de Nueva York.
EJEMPLOS
- *Con los **Yankees** y los Mets, Juan Soto
A correr, que otra vez la sacamo'el estadio
(NUEVAYoL)*

yerba
sustantivo femenino
Marihuana.
EJEMPLOS
- *Y no sé si es la **yerba**, pero tú tienes los ojos chiquito' como si fuera Don (VeLDÁ)*

Yukon
marca comercial
a. Modelo de vehículo utilitario todoterreno del manufacturero estadounidense General Motors, con una parte trasera espaciosa y robusta.
b. Referencia a la canción "Segurosqui", de Daddy Yankee, del disco *Los Homerun-Es*, de 2003: "Esa allá atrás tiene más caja que una Yukon".
EJEMPLOS
- *Eso atrás bien grande, bebé, como una **Yukon** (VeLDÁ)*

zumba

De zumbar, 'lanzar'
expresión
Se utiliza para incitar o animar a que comience una acción, generalmente con entusiasmo o urgencia.

EJEMPLOS
- *Así que, vamo' pa la foto, vengan p'acá Métase to'el mundo, to'el corillo, vamo'* **Zumba** *(DtMF)*

Notas técnicas

Macroestructura

Este diccionario reúne todas las palabras, frases y expresiones de uso actual en el español puertorriqueño identificadas en las 17 canciones del disco *DeBÍ TiRAR MáS FOToS*, de Bad Bunny (2025). Muchas forman parte del habla general en Puerto Rico, mientras que otras pertenecen a registros juveniles o urbanos. La mayoría son coloquiales, y algunas presentan usos restringidos por considerarse soeces o malsonantes.

También se incluyen términos que, aunque compartidos con otras variedades del español, adquieren en Puerto Rico una frecuencia mayor, un matiz particular o un significado distintivo como referentes clave del universo cultural que construye Bad Bunny en el disco. Asimismo, se recogen préstamos léxicos de otros dialectos del español, empleados de forma consciente, que son poco usuales en el español puertorriqueño.

Por último, el diccionario incorpora otro tipo de unidades fundamentales para la interpretación de las canciones, por resultar familiares a algunos públicos pero desconocidas para otros: nombres propios (reales o ficticios), topónimos, marcas comerciales y referencias musicales y culturales.

La naturaleza diversa del contenido llevó a flexibilizar algunas normas lexicográficas, aunque se mantuvieron criterios sistemáticos en la mayor medida posible.

Microestructura

Pronunciación y grafía – La fuente principal de este trabajo fueron las letras o líricas del disco disponibles en Apple Music. Estas reflejan rasgos fonéticos de una oralidad relajada, pero no siempre de manera consistente. Se uniformó el estilo conforme a la normativa ortográfica actual, aunque se mantuvo el apóstrofo para señalar la aspiración de la "s", ya que orientaba la lectura.

Lematización – Las palabras con flexión de género se presentan con el femenino primero y el masculino después, ambos en su forma íntegra. Los elementos variables u opcionales en las frases se colocan entre paréntesis.

Etimología – Se indica el origen de cada palabra, cuando es conocido (indigenismo, africanismo, anglicismo). Cuando el lema refleja la pronunciación, se consigna su forma canónica (ej. *enchulá* →De *enchulada*).

Categoría gramatical – Se emplean las categorías gramaticales estándar. Se añade "vocativo" para indicar esa función. Para los nombres propios, de lugares y otros, se usan etiquetas específicas.

Nota regional – Para los préstamos dialectales, se incluye un paréntesis con los países de origen.

Definiciones – Reflejan el significado de las palabras en el contexto de las canciones, sin abarcar todos los sentidos posibles que pueden tener en el español puertorriqueño actual.

Ejemplos – Se incluyen todos los ejemplos presentes en la lírica, de forma exhaustiva. Se identifica la canción de la que proviene el ejemplo entre paréntesis.

Sinónimos – Se listan términos con significados equivalentes o cercanos.

Variantes – Se documentan variantes fonéticas o gráficas de una misma palabra.

Relacionadas – Se agrupan voces derivadas de una misma raíz o con afinidad temática.

Palabras soeces y usos despectivos – Las palabras que tienen un uso restringido por considerarse soeces o malsonantes llevan el ícono 😤. En otros casos, se advierte tras la definición si el uso es o puede ser despectivo.

Indicadores tipográficos
- En la definición – Las palabras con entrada propia se marcan en *cursiva*.
- En los ejemplos – La palabra definida aparece en **rojo y negrita**; otras palabras que cuentan con una entrada propia en el diccionario, en *rojo regular*.